AF335801

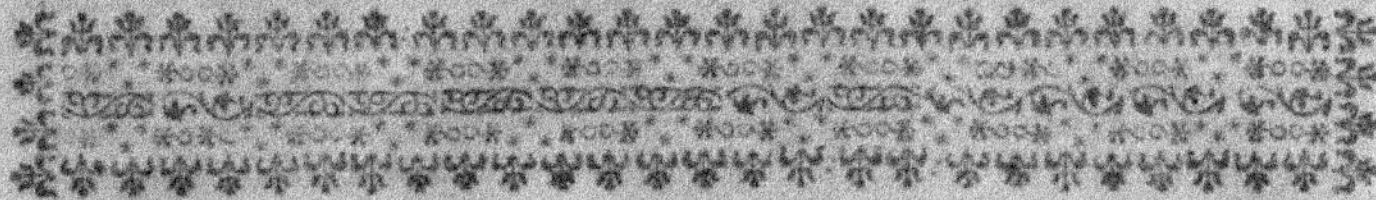

RELATION
DES ISLES PHILIPPINES
FAITE
PAR L'AMIRANTE D. HIERONIMO
DE BAÑVELOS Y CARRILLO.

A Ville de Manila est la principale ville des Isles de Luçon, ou Philippines; Elle est sous la hauteur de 14. degrez 30. minutes, fortifiée du costé de la mer, elle a vn chasteau nommé Sant Iago du costé de la terre, mais il n'est pas de grande deffence; l'artillerie de ce chasteau est pointée vers la mer, pour en empescher l'entrée aux vaisseaux, qui toutefois y peuuent entrer sans que le canon leur face grand dommage. Le principal Port de ces Isles s'appelle Cauité, & c'est là qu'abordent les Nauires qui viennent de la nouuelle Espagne. Ce Port de Cauité sert de retraite à nos Mariniers; il est à couuert des grands vents, & fort seur. Manila, au contraire, est vne Baye ouuerte, battuë des vents de Nort, dont le fonds est mauuais, & l'entrée fort difficile; mais d'ailleurs, elle est bien fournie de tout ce qui est necessaire pour le commerce, & pour la guerre. Et l'on peut dire, qu'elle sert de magasin au plus riche commerce qui se face dans le monde: il y a abondance de pain, de chairs, & de vin; & quoy que le vin n'y soit pas si bon que celuy d'Espagne, ceux du Pais qui y sont accoûtumez, ne laissent pas de le preferer à celuy de Goa, ou de Mexique, si bien que ceux-là ne seruent que pour la Messe, & celuy d'Espagne pour la table des plus riches. Les Portugais de Goa y enuoyent aussi quantité d'autres prouisions de bouche, tellement qu'elles y sont à fort bon marché. Il y a 150. feux dans Manila: les maisons de la Ville sont si propres, & celles de Campagne si agreables, que le séjour de ces Isles est tout-à-fait delicieux. A vne portée de mousquet de la Ville on voit le Pariane logement des Sangleyes, ou marchans Chinois. Ils sont prés de 20. mille, tous marchans que le negoce a attirez en cette Place. C'est vn lieu fort curieux à voir, à cause du bel ordre dans lequel ils viuent. Chaque sorte de Marchandise y a son quartier à part, & elles sont si rares & si curieuses, qu'elles meritent l'admiration des Nations les plus polies.

Quoy que ce Pariane ne soit que de bois, & que les Chinois qui l'habitent n'ayent point d'armes, nous ne laissons pas de faire bonne garde de ce costé-là: nous auons mesme quelques pieces d'artillerie pointées contre cette Ville; car c'est vne Nation fort spirituelle & entreprenante: nous l'auons autrefois éprouué, & nous en sommes encore menacez à cette heure que nous n'y prenons pas garde de si prés. Il n'y a point de maison Espagnole où tous les matins on ne voye 9. ou dix de ces marchans qui s'y rendent auec leurs marchandises; car tout le trafic passe par leurs mains, & mesme tout ce qui sert pour la nourriture des Espagnols. Il y en a qui disent qu'ils meslent dans nos viures vn poison lent, qui fait principalement son effet

Seconde Partie.					¶ A

Traduite de la Relation Espagnole Imprimée au Mexique l'an 1638, dediée à Don Garcia de Haro y Abellaneda Comte de Castille, Presidens du Conseil Royal des Indes sur les femes:il est vray que l'on en voit rarement qui arriuët iusqu'à l'âge de 16. ans. Et ils adioustent qu'ils veulent par là empescher les Espagnols de se fortifier dauantage dans cette Isle, & qu'ils les en auroient chassez entierement, comme il leur seroit tres-aisé, en employant de semblables moyens, si ce n'estoit l'interest qu'ils ont au commerce d'argent de la Nouuelle Espagne. Ces Peuples ont l'esprit subtil & vniuersel. Ils imitent quoy que ce soit qu'on leur presente, & le font aussi-bien que ceux qui en ont esté les inuenteurs. La richesse & le bonheur du séjour de Manilha diminuë tous les iours. l'en rapporteray icy les causes, sans auoir esgard qu'au seruice de Dieu, & à celuy du Roy.

Les reglemens de ce trafic qui se trouueront à la fin des Relations des Philipines éclaircirent cet endroit. Le principal sujet de la ruine des ces Isles est le grand trafic que font ces Sangleyes, le Roy a permis aux habitans des Maniles d'enuoyer vne partie de leur Capital en la Nouuelle Espagne en marchandises de ce Païs-cy, & les habitans Espagnols prestent tous les iours leur nom à ces Sangleyes & aux Portugais de Macao, pour auoir la liberté de ce commerce. Ils ne se cachent point d'estre Commissionnaires de ceux de Mexique, & ces dernieres années ils enuoyerent vne telle quantité de marchandises au Peru & en la Nouuelle Espagne, qu'on n'en trouuoit point la vente, ce qui empescha les voyages de la Flote. Le Roy de la Chine pourroit bastir vn Palais des barres d'argent du Peru, que ce trafic a fait transporter dans son Païs, sans qu'elles ayent esté enregistrées, & que le Roy d'Espagne ait esté payé de son droit, comme l'a bien fait voir Dom Pedro de Quiroga y Moya. Cét argent venoit pour le compte de personnes puissantes, & qui ne sont point aux Manilles, les deux Vaisseaux qui partirent de son temps, payerent dauantage de droits au Roy que tous les autres Nauires ensemble, qui auoient fait auparauant ce voyage; ce qui fait voir assez la negligence des autres Officiers commis pour receuoir les droits de sa Majesté. Ils ont voulu cacher cette verité en disant, Que ces Nauires estoient plus riches que les autres, à cause que Dom Sebastien Hurtado de Corcuera auoit escrit l'année precedente, qu'il n'enuoyeroit point cette année-là de Vaisseaux, & qu'il auoit mesme arresté & fait décharger ceux qui estoient en estat de se mettre à la voile pour aller à Acapulco. Ie ne sçay quelle raison il eut d'en vser ainsi, mais ie sçay bien qu'il escriuit cette resolution à l'emboucheure de Manila, c'est à dire à quatre-vingts lieuës de la ville, & sans auoir pris là-dessus le conseil des habitans des Manilhes, & que ceux du Païs demeurent d'accord que ce retardement a esté leur ruine, puis qu'ils connoissent tous qu'ils ne se peuuent maintenir contre les Hollandois ni contre les Mahometans, que par les secours reglez qui leur viennent de la Nouuelle Espagne.

Le Marquis de Cadereta vint en ce temps-là pour estre Vice-Roy de la Nouuelle Espagne, Il enuoya fort à propos vn grand secours dans ces Isles, sous la conduite du General Dom Andres Cortigillo. Il apporta nouuelle, que Dom Pedro de Quiroga estoit arriué au Mexique, pour informer contre les Officiers de sa Majesté, & qu'il viendroit à Acapulco pour visiter les Nauires & regler le commerce de la Chine. Ceux de Manilhes, & les Facteurs des Portugais voulurent retirer leurs marchandises qui estoient desia chargées sur les Vaisseaux; cette nouuelle & ce nom de Visitador leur faisant peur; mais ayant enfin pris courage, ils chargerent les deux Vaisseaux que le Gouuerneur auoit fait arrester l'année precedente, qui valoient bien cinq millions d'or; & cependant ceux du Païs asseuroient qu'ils n'estoient pas si richement chargez que ceux qui estoient partis auparauant, vn des principaux Marchans n'ayant pas mis vn seul caisson dessus.

Bartolome Tenorione. Ils apportent vne autre raison pour obscurcir vne verité si apparente, il disent, que Dom Pedro de Quiroga entre les Reglemens qu'il auoit concertez pour remedier aux desordres du passé, auoit specifié celuy de ces vaisseaux, & que ce fut luy seul qui en empescha la venuë; mais il a dit luy-mesme que c'estoit vne faulseté, & qu'il auoit apris que ceux qui auoient des Commanderies & les Marchands de Mexique, auoient employé leurs prieres aupres de Dom Sebastien Hurtado de Corcuera: car ie ne puis croire qu'ils fuſſent d'intelligence auec luy, & luy auoient repreſenté la grande quantité de Marchandiſes de la Chine, qui ſe trouuoit alors au Mexique ; & que ſi l'on y enuoyoit de nouueaux Vaiſſeaux, l'on ne trouueroit point le debit de ces marchandiſes ; & que les Marchands du Mexique & de la Nouuelle Eſpagne, y perdroient beaucoup.

Dom Pedro de Quiroga adiouſte, qu'ayant ſceu que le Gouuerneur des Philipines, auoit donné parole de ne point faire partir de nouueaux Vaiſſeaux, pour faire mieux le ſeruice de ſa Majeſté, auoit apporté ce temperament. Que s'ils entroient dans le port cette année, ils iouïroient du benefice des Reglemens qui auoient eſté faits en ce temps-là : mais que s'ils ne venoient que l'année ſuiuante, ils n'en iouïroient point, & payeroient les droits du Roy à la rigueur, faiſant bien connoiſtre par là qu'il eſtoit auerty de la parole que le Gouuerneur des Iſles auoit donnée aux Marchands de Mexique, de retenir les Vaiſſeaux & les Marchandiſes qui deuoient partir cette année. La choſe, à la verité, eſtoit fort à l'auantage de ceux de Mexique & des Eſpagnols qui ont des Commanderies, mais au grand prejudice des Iſles qui ne ſe peuuent paſſer du ſecours qu'elles doiuent tirer tous les ans du Mexique, & à la diminution des droits de ſa Majeſté, qui aident à la decharge de la depence de ce ſecours. Enfin, ſi le Marquis de Cadereta ne les eut point ſecourus auſſi puiſſamment qu'il fit, elles ſeroient tombées dans vne extréme neceſſité. Il me ſeroit aiſé de faire voir icy d'autres ſuites de ce retardement des Vaiſſeaux que Don Iuan Cereço y Salamanca auoit mis en eſtat de partir cette année-là, comme on fait tous les ans. Il ne me ſera pas plus difficile de faire voir les autres pertes que nous ſouffrons dans ce commerce : les Habitans des Manilhes n'ont rien ſur ces vaiſſeaux, la cargaiſon en appartient toute entiere aux Chinois, aux Portugais de Macao, ou aux marchands du Mexique, & ſi le Roy n'y met la main le Chinois abſorbera toutes les richeſſes du Peru, & les ſubjets que le Roy a dans ces Iſles, ſeront obligés à les abandôner. Ie côtinueray à repreſenter à V. E. les autres deſordres du gouuernemét de ces Iſles autant que ie les ay peû connoiſtre dans le peû de temps que i'y ay eſté.

Les Commanderies ſe ſont perduës, le Roy en recompençoit autrefois ſes ſoldats, & maintenant les Inſulaires qui eſtoient autrefois repartis ſous ces Commanderies, ſont deuenus nos ennemis. On a manqué à inſtruire ces Innocens en la Foy Catholique, qui eſt le ſeul titre ſous lequel le Roy d'Eſpagne tient ce Païs qui n'eſt point de ſon Patrimoine, au lieu d'en faire nos amis & nos freres, nous en auons fait des ennemis domeſtiques : nous auons receu en leur place les Sangleyes, auec leſquels l'intereſt du trafic nous broüillera touſiours. Que l'on conſidere le mal qu'ont fait depuis ceux de l'Iſle de Mindanao, ils ont couru les coſtes de ces Iſles auec leurs Carracoras ou petits Vaiſſeaux, & le Gouuerneur fut obligé de laiſſer la ville entre les mains des Sangleyes pour ſortir l'Iſle, & leur aller faire la guerre, il y perdit plus de 130. Eſpagnols ſans en pouuoir venir à bout, en quoy on ne peut pas dire, qu'il n'y euſt beaucoup de ſa faute, puis qu'vn de ſes Officiers nommé Nicolas Gonzales, au premier cry de Sant-Iago, ſans perdre vn ſeul homme, força vn de leurs meilleurs poſtes, d'où le Gouuerneur ne les auoit peû chaſſer auec toutes ſes forces.

Nous auons encor pour ennemis les Peuples de Iolo & ceux de Terrenate, qui ſont encor plus à craindre à cauſe du ſecours qu'ils tirent des Hollandois ; ils ſe diſent neutres, & cependant ils les ſeruent ſous-main en toutes rencontres. Les Chefs de ces Indiens prennent le titre de Roys ; mais ce ſont des Roys qui vont tous nuds & qui viuent de leur trauail. Il eſt vray que ceux de Macaſſar, de la Cochinchine, & de Cambaya ſont plus puiſſans. Auec tout cela, pour le peu de ſeruice que nous en pouuons tirer, ce ſeroit aſſez de nous rendre les arbitres de leurs differens, & de les auoir par là fauorables à noſtre party : mais depuis qu'ils ont vû que nous liſons cette amitié auec les Sangleyes, auec ceux de Martauan, de Borneo, & d'autres Iſles voiſines, ils ont rompu tout commerce auec nous, & ont pris le train de porter aux Hollandois tout ce que produit leur Païs ; ſi bien qu'ils ne ſont plus rien que par

leurs ordres. Et si le Roy n'empesche encores par cette raison le commerce auec les
Sangleyes, les Philippines sont perduës. Ie viens maintenant au remede que l'on
peut apporter à ce desordre.

Entre toutes ces 150. familles d'Espagnols habitués à Manila, il n'y en a pas deux
qui soient fort riches: ma pensée seroit qu'on permist à ces habitás d'embarquer pour
la valeur de 250. mille escus de marchandise de la Chine, dont la plus grande partie
fust de soye cruë & de balles de cotton, afin qu'on les puisse trauailler en ce
Pais, car dans cette sorte de marchandise il y a moins de tromperie que dans les
estoffes fabriquées dans la Chine, qu'on ne leur deuroit iamais permettre d'apporter à Manilha. La permission de cette somme seroit ainsi proportionnée aux forces
des Marchands de Manilha, & ils en tireroient plus de 500. mille escus ; car les
gains de ce trafic son exorbitans. Aujourd'huy mesmes qu'il y a tant de ces marchádi-
ses, ils gagnent 400. pour cent sur les plus mauuaises qui en viennent. On occupe-
roit par là les Espagnols à trauailler à cette soye, les estoffes en seroient meilleures,
& ils trouueroient mille autres aduantages, ainsi les habitans des Manilhes ne
se chargeroient point des Commissions du Mexique, ils auroient tout le profit qui se
tire de ces Isles, qui est maintenant tout entier entre les mains des Estrangers, outre
que faisant mieux leurs affaires dans le pays, ils s'affectionneroient dauantage à sa
conseruation, & auroient plus de soin de faire instruire & de tenir dans la sujetion
les Indiens qui ont esté repartis sous leurs Commanderies ; ils espargneroient ce
qu'ils donnent à leurs Facteurs du Mexique, qui souuent leur font banqueroute ;
retienent deux ou trois ans leurs marchandises, qui se vendent mal au Mexique, à
cause de la grande quantité que l'on y en porte, & ne trafiquant qu'à Acapulco,
& de leur chef, ils jouïroient seuls & tous les ans du profit de ce trafic.

On pourroit employer 50. mille escus en Mantas cruës, blanches, tres-riches, qui est
vne marchandise fort en vsage parmy les Indiens, dont le Mexique a grand besoin.
Ce seroit le vray commerce que deuroient faire les Pilotes & Mariniers ; car on
trouue tousiours à s'en defaire, & ils sont obligés de s'en defaire promptement.
Il faudroit prendre garde qu'on n'en transportast que cette quantité, & confisquer
le surplus, à quoy les Gouuerneurs & les autres Officiers deuroient tenir soigneu-
sement la main. Et afin que vostre Excellence voye que ie ne veux point diminuer
le commerce de ces Isles, comme quelques-vns pourroient croire, ie diray icy,
Qu'on pourroit permettre aux habitans des Manilhes de charger autant de Vaisseaux qu'ils en pourroient charger des choses que produit leur Pais : comme sont les
cires, l'or, les odeurs, l'yuoire, & lampotes, qu'ils deuroient acheter des Naturels
du Pais, empeschans par là qu'ils ne les portent aux Hollandois ; ainsi ils se ren-
droient les peuples amis, fourniroient la Nouuelle Espagne de ces Marchandises, &
l'argent qu'on porte aux Manilhes, n'en sortiroit point. On me dira que le Roy
de la Chine ne se sert point de cét argent pour nous faire la guerre : mais quoy qu'il
ne s'en serue qu'à remplir ses thresors, il est aussi-bien perdu pour nous que s'il estoit
au fonds de la mer. Vostre Excellence doit faire estat qu'il entre tous les ans vn
million & demy d'or dans la Chine. Si l'on obserue ce que ie viens de dire, les
marchandises des Manilhes se vendront bien ; les Naturels du Pais demeurdront
nos amis ; & leurs voisins se détacheront des Hollandois qui en tirent grand profit ; car il n'y a presque point de Canton dans ces Isles, où ils n'ayent vne Factore-
rie ; ils s'en sont par là rendus les Maistres, & leur donnent des armes pour nous
faire la guerre. Adioustez à toutes ces considerations, que les Espagnols habituez
dans ces Isles ne seront point obligez de se tenir tousiours sur leurs gardes, de
20000. Sangleyes ou ennemis qu'ils ont en vn coin du monde, où à peine ils pourroient faire huict cens hommes.

L'on dira, peut-estre, à vostre Excellence, que si nous rompons auec les Sangleyes, ils s'iront habituer dans l'Isle Formosa, ou en quelque autre endroit parmy
les Hollandois, qu'ils leur porteront le trafic qu'ils font auec nous ; & qu'ayant

en le trafic du Iapon aussi aisé que nous auons celuy des Indes Occidentales, ils porteront encore leurs marchandises à Nangazaki, principal port du Iappon, dont ils pourront aussi tirer de l'argent : A cela i'ay à respondre, que le Royaume de la Chine est si plein de marchandises, & les Sangleyes si sçauans dans le commerce, & si aspres au gain, qu'ils sçauent quelle quantité il faut de cette marchandise à l'Anglois, combien aux Hollandois, quelle quantité s'en peut debiter dans tout le Iappon, & cela auec autant de precision, qu'vn tailleur qui apres auoir veu la taille d'vne personne, iuge combien il faut d'estoffe pour l'habiller, ils font le mesme à nostre esgard, & sçachant qu'il ne va tous les ans que deux nauires en la nouuelle Espagne, ils tiennent ordinairement dans le Parrian la quantité necessaire pour charger ces nauires : si ceux des Maniles auoient commerce auec le Iappon, ils en tireroient grand profit, mais vn secret Iugement de D i e v a rompu la communication que nous auions auec ces Insulaires, & l'a mise entre les mains des Heretiques, apres auoir permis qu'ils y ayent destruit nos Temples, & auoir mis à feu & à sang tout ce qu'il y auoit d'Espagnols ou de Iapponois Chrestiens, si bien que nous ne croyons point qu'il reste maintenant aucun Religieux dans tout le païs, ils obligent sur peine de la vie de venir deposer ceux qu'on connoist pour Chrestiens, & nos Religieux n'y vont plus, car pour eux d'aller au Iapon, c'est aller à vne mort certaine. Voicy comme on rapporte la cause de cette persecution.

Vn Capitaine Biscayen nommé Sebastien, estant party du port d'Acapulco pour aller à vne Isle nommée * Ricca doro, fut battu d'vne grande tépeste sous la hauteur de cette Isle, & n'y pouuant prendre terre, il arriua au Iappon, & par vne curiosité d'homme de Mer, sonda les ports de ce Royaume : Cette nouueauté donna soupçon aux Iapponois, ils demanderent à vn Anglois qui estoit lors sur la coste, quel pouuoit estre le dessein de cét Espagnol, il leur dit que les Espagnols estoient vne nation belliqueuse, qui auoit en teste la Monarchie vniuerselle, qu'ils commençoient tousiours leur cóqueste par le moyen des Religieux, & que depuis qu'on auoit permis aux Religieux de cette Nation d'y Prescher, & d'y auoir des Temples, ils se tenoient cóme asseurez de la conqueste du Royaume : Que ce vaisseau estoit venu pour reconnoistre le pays, & l'entrée des ports, & qu'il seroit suiuy d'vne grande armée qui acheueroit ce dessein. Il mourut en ce mesme temps là vn * Tono, ou principal Seignr du pays l'Emp. auoit autrefois voulu acheter de luy vne maison de plaisir : Ce Seignr qui affectionnoit ce lieu n'auoit point voulu s'en deffaire. Il estoit Catholique, & en mourant il la laissa aux Iesuites, ceux-cy creurent bien faire leur cour en l'allant offrir à l'Empereur. Ce Prince fit reflexion que ce qu'vn Empereur n'auoit pas peû faire, les Iesuites ses suiets en estoient venus à bout, & ioignant cette reflexion auec l'auis de l'Anglois, prit resolution d'exterminer les Catholiques, ce qui fut executé en sorte, qu'il n'y a plus de Chrestiens dans le Iapon, que les seuls Portugais de Macao, l'autre trop de honte de dire les conditions ausquelles ils se soumettent pour y estre receus.

Depuis ce temps tout le commerce de cette Isle est tombé entre les mains des Hollandois, Anglois, Portugais, & Sangleyes, quoy que le Roy de la Chine aye defendu à ces derniers, sur peine de mort, d'auoir aucune communication auec ceux du Iappon, à cause que les Iapponois se sont autrefois reuoltez contre la Chine, dont ils faisoient vne partie : auec tout cela l'auidité de l'argent les y fait aller comme aux Maniles, si bien que le Iapon ne manque point de toutes les marchandises qui passent par les mains de ces nations. Pour l'argent les Hollandois n'en portent plus à la Chine ny au Iapon, à cause que ces pays tirent toute la quantité qu'ils en peuuent acheter, par le moyen des Sangleyes qui sont habituez aux Maniles, il seroit tresauantageux à ceux des Maniles & à sa Majesté de rompre ce commerce auec les Chinois, & il ne faut point dire qu'on trouue par ce moyen à se deffaire auec auantage de l'argent du Peru, & des soyes des Philipines : car dans la verité le Roy n'y trouue point son conte, les soyes se vendroient auec plus d'auantage au Mexique.

---

*Ricca doro est vne Isle qui fut découuerte par vn vaisseau de Macao, ils en prirent de la terre pour raccómoder l'astre de leur cuisine, & huict iours apres ils s'apperceurent que cette terre s'estoit conuertie en placques d'or. I'eus vne grande tépeste à la hauteur de céte Isle cóme les cartes la mettent, & il y a peu de vaisseaux qui passent cette hauteur sans en estre incommodez.

* Tono en lágue Iaponoise signifie vne personne qui tiant le rang que tiétroit vn Duc de Cardone, ou vn Marquis de Carpio en Espágue.

les Infulaires & fa Majefté en retireront plus de profit , & cela de l'auen de toutes les perfonnes informées. Pour le Gouuerneur des Philippines il faut qu'il ait ces qualitez , qu'il foit fage , que l'éloignement de Madrid , & l'authorité de Gouuerneur ne luy donne point de prefomption; qu'il luy ferue pluftoft de frein que de fujet de vanité; qu'il foit grand homme de Mer , fort appliqué à enuoyer tous les ans & faire partir les nauires; que tout ce qui s'y embarque foit enregiftré; & afin que ces Ifles foient mieux fecouruës , il faut que les nauires foient de cinq cens tonneaux , qu'ils ayent deux ponts mieux equipez qu'ils n'ont efté iufques à cette heure; car eftant mal equipez , ils mettent plus de temps à faire leur voyage , & ont efté caufe de grandes defpenfes à Sa Majefté. D'ailleurs le Vice-roy de la nouuelle Efpagne n'a pas fceu les faire partir au premier d'Auril comme il feroit neceffaire. Ces vaiffeaux ne doiuent porter que des gens de Mer. Les charges des nauires ne fe doiuent point vendre à des Marchans , mais eftre données pour recompenfe à ceux qui ont bien feruy fur mer; il eft arriué de grands defordres de ce que l'on en a vfé autrement , & de ce qu'on a vendu les charges de Pilotte , de Contre-Maiftre , & de Dépenfier.

L'an 1637. comme i'eftois fur le point de partir en qualité d'Amiral des vaiffeaux qui deuoient porter le fecours à ces Ifles, i'allay au port d'Acapulco , i'y vis le vaiffeau Saint Iean Baptifte qui eftoit venu cette année des Ifles , & qui auoit perdu fon maft par le chemin , ie fis diligence auec Dom Pedre de Quiroga , afin qu'il auertift le Marquis de Caßereta du mauuais eftat de la Mafture & autres manœuures de ce vaiffeau , il ne le voulut pas permettre , & m'obligea de m'embarquer , me difant que fi l'on manquoit à partir au premier iour du mois d'Auril , nous courerions rifque de perdre noftre voyage. Eftant en mer ie demanday au contre-maiftre l'inuentaire des voiles & des cordages , & ie trouuay qu'il n'y auoit point de voiles de rechange qu'vn feul cable , & vn autre vieux cable dont on fe feruit pour arrefter les pieces d'artillerie qui rouloient dans le vaiffeau; & me faifant apporter en mefme temps l'inuentaire de ce qu'il y auoit en partant des Ifles , ie trouuay qu'il eftoit equipé de trois voiles de rechange , de cinq cables , & de quantité du funin : il me refpondit que la Mer auoit emporté les voiles , & qu'il auoit perdu fes cables à la fortie de S. Bernardin; & fans le preffer dauantage , il me confeffa qu'il auoit employé l'argent qu'on luy auoit donné pour ce fujet à acheter des marchandifes , pour s'acquitter de trois mil efcus qu'il auoit payez pour fa charge de Contre-maiftre , mais qu'il n'auoit pas trouué fon compte fur cette marchandife. Ie le voulus faire punir , il en appella au General qui me commanda de ne le point pourfuiure que ie ne fuffe arriué aux Maniles , & aux Maniles on l'excufa , à caufe , difoient-ils , qu'il auoit donné trois mil efcus , quoy qu'il en euft fait perdre au Roy plus de foixante mil. Ceux qui font les prouifions pour l'equipage mettent des viures de mauuaife qualité : les Pilotes empliffent de marchandifes la chambre qu'ils ont fur la poupe , & mettent par là en danger le vaiffeau; fi i'euffe rencontré vn coup de vent dans ce voyage , ie n'aurois pas peû l'acheuer ; il me falut prendre vn Cabeftan à Mari-beles pour leuer mon anchre , & pour gagner le port de Cabite qui en eft efloigné de trois lieuës , fi bien que pour vingt mil efcus que l'on tire de la vente de ces charges , on en perd trente mille , & l'on fe met en danger de perdre vne flotte , c'eft à dire de perdre ces Ifles : ce n'eft pas affez de donner des charges à des mariniers qui les meritent , il ne faut point les obliger à faire les fonctions de foldats quand ils n'y ont point d'inclination , ny punir ceux-cy comme on fait lors qu'ils joüent : il importe beaucoup d'auoir des Galeres fur ces coftes , c'eft le moyen d'en efloigner les Hollandois & les Indiens de Mindanao & d'Iolo , qui ne laiffent pas d'eftre leurs ennemis , quoy qu'ils n'ayent ny cœur ny difcipline : car l'on a veu vn Efpagnol d'vn feul coup de moufquet faire fuir vingt de leurs Caracoras , l'ennemy le plus à craindre eft le Holandois qui eft le maiftre de cette Mer : Il eft facile de gouuerner la Chiourme de ce pays , & en plufieurs rencontres elle fert à remorquer les vaiffeaux , qui autrement courreroient rifque de fe perdre , outre qu'elles font plus propres pour vne Mer comme celle-cy pleine d'Isles que les vaisseaux de haut bord. Il seroit aussi fort à propos de faire trauailler à Camboya à la fabrique de nouueaux vaisseaux, à cause que le bois de ces quartiers & celuy d'Angely resiste mieux au ver & à la pourriture que les autres, & principalement celuy des Philipines.

L'an 1637. que i'arriuay dans ces Isles, il n'y auoit point de vaisseaux prests pour la nouuelle Espagne, ils furent obligez d'enuoyer vn petit vaisseau de cent tonneaux pour donner auis au Marquis de Caderera du miserable estat où ils estoient, & le supplier d'enuoyer le secours ordinaire, nonobstant la deffense du commerce du Peru, & la connoissance qu'ils auoient qu'il n'y auoit point de vaisseaux à Acapulco, ce qui fait voir combien il importe de bastir continuellement des vaisseaux pour les Philipines, & que le gouuerneur soit plustost homme de Mer, que soldat des Pays bas. Il importe aussi que le Gouuerneur & l'Archeuesque viuent en bonne intelligence, le gouuernement spirituel est en ces pays là vne chose de plus grande consequence que le gouuernement politique, à cause du scandale qu'en prennent les Indiens : il importe aussi que ceux que le Vice-Roy enuoye soient de merite & de seruice, & qu'ils soient bien traitez dans les Isles : L'obseruation de tous ces points nous seruira à en esloigner les Holandois, qui est le plus terrible ennemy que nous ayons, & qui seroit maistre absolu des Indes s'il pouuoit venir à bout des Maniles. L'Espagne en obseruant ces choses triomphera de ses ennemis, & pour moy i'auray satisfait au deuoir d'vn sujet en faisant mon possible pour le seruice de mon Maistre, & pour le bien de ma Patrie, & en mesme temps ie me seray acquitté de l'obligation dans laquelle ie suis de seruir Vostre Excellence.

RELATION ET MEMORIAL DE
l'estat des Isles Philipines, & des Isles Moluques.

Seignevr,

Ferdinand di los Rios Coronel, Prestre & Procureur General des Isles Philipines, des Moluques & des autres Isles voisines, l'expose à V. M. qu'il y a plus de trente ans que ie passay aux Isles Philipines en qualité de soldat, auec plus de passion de la seruir que ie n'en auois de moyens. L'an 1605. ceux du Pays m'enuoyerent pour exposer à V. M. leurs besoins, & ie fus plusieurs fois à ses pieds, & eus plusieurs audiances sur ce sujet. Ie retournay aux Maniles l'an 1610. quoy qu'on me proposast des partys fort aduantageux dans le Conseil des Indes, ie trouuay encore plus de plaisir à suiure l'inclination que i'auois de seruir V. M. Ie treuuay ces pays fort changez, à cause du grand progrez que les Holandois y auoient fait ; on m'obligea par cette raison de faire vn autre voyage pour representer à V. M. le besoin de ces peuples : Ie le fis sans considerer les nouueaux dangers de ce voyage, à cause des ennemis que nous y auons, & dans les heures de loisir de ce voyage, ie dressay à V. M. cette Relation, dans laquelle ie luy expose la verité telle qu'elle est, sans auoir aucun de ces esgards qui obliget les hommes à la deguiser si souuent : i'y represente l'histoire de ce qui s'est passé en ces Isles, l'estat où elles sont maintenant, les moyens plus propres & les plus conuenables pour remedier aux incomueniens dont elles sont menacées, esperant que si V. M. me fait la grace de ietter les yeux sur ces memoires, son seruice en receura des auantages considerables.

Ferdinand Magellanés que l'Empereur Charles-Quint auoit enuoyé aux Molucques descouurit en 1659. l'Isle des Philipines, nommée Cybut, où il mourut dans vne bataille que le Roy de cette Isle donna contre le Roy de l'Isle de Matta, son Pilote Sebastien d'Elcana fut aux Molucques, & reuint par le Cap de Bonne-Esperance à Seuille.

La seconde decouuerte fut faite par le Commandeur Garcia Iofre Loayia, qui fit le mesme voyage par ordre de l'Empereur auec le mesme Pilote Sebastien del Cano, il toucha aux Philipines l'an 1526. & de là aux Molucques, mais son voyage fut inutile.

Le troisiesme fut Ruy Lopés de Villa-Lobos, il partit de la nouuelle Espagne pour aller aux Molucques auec six vaisseaux, il arriua aux Philipines l'an 1543. & donna à ces Isles le nom du Roy Philippes pere de V. M. Il n'y eut rien de particulier

en son voyage, sinon qu'il découurit la plus grande des Isles du monde nommée la nouuelle Guinée. Il mena auec luy deux Religieux de l'Ordre de S. Augustin, dont l'vn se nommoit Andres de Vrdaneta, & l'autre Andrés de Aquirre, tous deux sçauans en Geographie, lesquels y retournerent apres auec l'Adelantado Michel Lopés de Legaspy, à qui D i e v sembloit auoir reserué l'honneur de cette decouuerte; il partit du port de la Nauidad par ordre du Vice-Roy Dom Louys de Velasco l'an 1564. auec quatre vaisseaux & vne patache accompagné des deux Religieux que nous venons de nommer; Il arriua l'an 65. à vne des premieres Isles nommée Leyte, & de là fut au port de Cybu, où il debarqua ses gens. Il eut plusieurs rencontres auec ceux du pays, & beaucoup de peine à tenir dans l'obeissance & dans le deuoir ceux de cette nation qui estoient sur le point de se renolter.

Ces Isles s'estendent depuis le 6. degré iusqu'au 20. de latit. Nord, & commencent au 165. de longit. pris des Canaries, ou sous le 87. à commencer depuis la ligne de la demarcation: ce que ie sçay par plusieurs obseruations que i'en ay faites. Legaspi eut encore l'opposition des Portugais, qui pretendoient que ces Isles tomboient dans leur demarcation ou partage; ils firent plusieurs protestations, & en fin en vinrent aux mains, mais tousiours auec desauantage. Apres auoir esté informé de l'Isle de Luçon, & de la ville de Manila par le moyen d'vn Indien, il laissa quelques-vns de ses gens dans l'Isle de Cibo, & dans les Isles des Pintados, & se rendit Maistre de Manila le 18. de May l'an 1572. laissant à ces deux Isles le mesme nom sous lequel elles estoient connuës par les Indiens.

Manila est sous le 14. degré 20. minutres de lat. Sept. a la figure d'vn triangle rectangle. La coste de ces Isles s'étend cent lieuës vers le Nord, iusqu'au Cap de Boeueador, qui est sous le 19. degré quelques minutres de la la coste tourné à l'Orient, & a quelques 30. lieuës d'estenduë, puis elle retourne vers le Sud, iusqu'à la hauteur de la ville de Manila, & de là à la volte de l'E. & S.E. l'espace de cinquante lieuës iusqu'à Lembocadero, & puis retourne du costé du Ponant, iusqu'à la ville de Manila, ayant de ce costé là prés de nonante lieuës d'estenduë. Cette ville est scituée au fonds d'vne Baye qui a la figure d'vne semelle. La Baye a quarante lieuës de tour, la ville est sur vne pointe de terre que la Mer bat d'vn costé, de l'autre elle est arrousée d'vne belle riuiere, les deux costez principaux de la ville sont l'vn sur les bords de la riuiere, l'autre sur la greue de la Mer, scituation forte qui ne se peut miner. Elle est d'ailleurs deffenduë des bastions, caualiers, & terrasses. Les Isles Philipines sont en grand nombre, mais les principales sont celles de Luçon, Mindoro, Marinduque, Panai, Cybu, Leite, Babar, Masbare, Isla de Negros, Bool, & celle de Mindanao la plus grande de toutes, qui estoit autrefois suiette à V. M. & qui nous fait maintenir la guerre.

L'an 1574. vn Corsaire Chinois nommé Limaon vint auec 70. vaisseaux, & debarqua six mille hommes de guerre à deux lieuës de Manila; il entra dans la ville sans auoir esté découuert, 80. soldats Espagnols qui y estoient se retirerent dans vn Fort de bois, & Philippe de Sauzedo les ayant secourus auec 150. hommes, les Chinois se
retirerent

retirerent le iour de S. André, que ceux de Maniles ont pris par cette raison pour leur Patron. L'Adelantado gouuerneur mourut l'an 1574. homme si sage & si religieux, que lors qu'on transporta son corps de l'Eglise S. Augustin, pour le mettre dans vne autre, il se trouua encore entier.

Guido de Labacarés luy succeda en vertu, d'vn ordre qu'il en auoit de sa Majesté; il diuisa l'Isle aux soldats, & acheua de pacifier les Indiens: il mourut l'an 1575. le Docteur de Sande Oydor de la Real Audiencia de Mexico luy succeda: les Chinois commencerent en son temps à venir trafiquer à Manila, & à reprendre le commerce qu'ils auoient eu de tout temps auec ceux du Pays. Ce Docteur s'enrichit à cause que les Espagnols en ce temps-là se picquoient plus d'estre bons soldats, qu'habiles marchans. Il fit vne entreprise sur les Isles de Borneo, il surprit le Roy du Pays, & ayant pillé le lieu de sa residence, il se retira aux Maniles. Dom Gonçalo Ronquillo de Pennalosa, Algoazil Real de Mexico offrit au Roy de transporter aux Maniles 600 soldats hommes mariez pour peupler ce Pays, il l'executa, menant auec luy quantité de gentils-hommes: il appelloit ceux de sa troupe Rodeados, à cause qu'ils s'estoient embarquez à Panama: il mourut l'an 1583. apres auoir gouuerné trois ans. C'estoit vn homme d'vn esprit fort moderé, mais les débauches de ses fils & de ses parens obligerent ceux des Maniles d'en faire des plaintes à Sa Maiesté, qui enuoya des officiers de l'Audiance Royale, & pour President le Capitaine General Sant Iago de Vera, en attendant que les Officiers de l'Audiance arriuassent; Diego & Ronquilio, cousin du dernier Gouuerneur, qui le commanda & gouuerna; car il auoit esté nommé par Dom Gonzalez qui auoit pouuoir de nommer son successeur en mourant. Il fit vne entreprise sur Ternate qui ne luy reüssit pas: nous n'auions alors autre chose à faire que de pacifier les Indiens, & de les conuertir à nostre Religion, ce qui nous reüssissoit assez heureusement, lors qu'vn Indien voulant moucher vne des torches qui seruoient à l'enterrement de Don Ronquilio, laissa tomber par inaduertance vn peu de la mesche sur le drap mortuaire qui couuroit son corps, le feu y prit sans qu'on s'en apperceut, car l'Eglise auoit esté fermée quelque temps: en ce temps-là toutes les maisons de la ville estoient de bois, & couuertes au lieu de thuiles, de feüilles d'vne sorte de palmier qu'ils appellent Nipa: le feu prit à ces feüilles de Nipa, & estant aidé du vent S. O. brusla le Monastere, sans que l'on en peût rien sauuer: le vent portoit ses feüilles allumées d'vn costé & d'autre sur les maisons, & des gens qui se treuuerent à ce desastre, m'asseurerent que la ville fut tellement bruslée, que les habitans ne pouuoient pas mesme reconnoistre les places où auoient esté leurs maisons: Vne de ces feüilles porta le feu au Fort, qui en estoit esloigné de quelques 400. pas; il estoit de bois, & fut embrasé en vn moment: l'artillerie qui y estoit pointée vers la ville tira, & plusieurs pour se sauuer du feu & de l'artillerie, se noyerent dans l'eau. Il prit aussi dans six barils de poudre, ils firent vn grand trou en terre qui se remplit d'eau aussi-tost: cét incendie arriua le 27. Feurier de l'an 1583.

Sant Iago de Vera fit en ce temps vne entreprise sur les Molucques, qui ne reüssit pas: On bastit de son temps vn Fort dans la ville nommé de Nuestra Señora de la Guina, qu'on void encore auiourd'huy, & qui est fort mal entendu. L'an 1587. vn Corsaire Anglois nommé Thomas Vveyhe passa le destroit de Magellanes, vint auec deux nauires aux costes de la nouuelle Espagne, & prit le vaisseau de sainte Anne qui venoit des Philippines: il y trouua de grandes richesses, mit en liberté tout l'equipage à l'exception des Ecclesiastiques qu'il fit pendre. Ceux de Maniles auoient enuoyé en ce temps à la Cour d'Espagne vn Iesuite nommé Alonso Sanchez, qui auoit vne connoissance parfaite de ce Pays & des Isles voisines: le Roy & le Pape luy accorderent ce qu'ils demandoient au nom des habitans, entre-autres choses la reuocation de l'Audiance Royale, selon le Conseil des Officiers de cette Audiance qui l'auoient iugé necessaire. Ce Religieux escriuit vn Traitté du droit que les Roys d'Espagne ont sur les Philippines, dans lequel on peut dire qu'il a prophetisé beaucoup de choses qui sont arriuées depuis. Son Traité est dans les Archiues du

La Loy des Siete Partidas 11. tit. 9. part. 1. explique ainsi le mot d'Adelantado. *Ome metido adelante en algun fecho señalado por mandado del Rey sobre todos los merinos.*

C'est asseurement Cādise, comme on le verra dans son voyage.

Conseil des Indes, & merite bien qu'on l'imprime vn iour. Il representa au Roy les qualitez que deuoit auoir le Gouuerneur de cête Isle, l'on enuoya ensuite Gomez Perez dans Marinas Cauaher de Galice.

Il arriua l'an 1590. auec 400. soldats : les Officiers de l'Audiance retournerent sur son vaisseau : il s'appliqua à recouurer les Molucques, sans toutesfois oublier le soin d'orner la ville : il la fortifia, & le pays luy a l'obligation de la vie ; car les Chinois s'estans reuoltez au nombre de vingt mil, & ayant attaqué la Place, mil Espagnols à couuert de ses fortifications & de ses murailles, la deffendirent, & les obligerent à leuer le siege. Il fit passer vn Ambassadeur au Iapon, & nous luy deuons la premiere connoissance que nous eusmes de cête Isle.

Le Roy de Camboya luy enuoya vn Ambassadeur pour luy demander assistance contre celuy de Siam, auec ordre de se declarer vostre vassal ; il auoit grande enuie de le secourir, & peut-estre s'il l'eust fait, Vostre Majesté y seroit maintenant par des voyes legitimes, maistre du Royaume de Cambay, & de celuy de Siam, qui est fort riche. Le dessein qu'il auoit alors en teste de se rendre maistre de Terrenate, l'en détourna, & le fit partir l'an 1594. pour cette entreprise auec trois mil hômes : il auoit mil Espagnols & cent vaisseaux tant petits que grands : il auoit donné pour Rendez-vous à son armée l'Isle de Cabu qui est sur le chemin, & il s'embarqua sur vne Galere auec vne Chiourme Chinoise, que ceux du Parian auoient payée. Nous nous embarquasmes 40. bourgeois de Maniles en sa côpagnie, sur cinq petits vaisseaux, auec dessein de suiure sa Galere : la Galere ne peût doubler vn Cap qui est à vingt lieuës de Manila, qu'ils appellent les Basses de Tuley ; Nous luy demandasmes permission de prendre les deuans auec nos petits bastimens, & il nous l'accorda ; la Chiourme se voyant la plus forte, car ils leur auoient laissé leurs armes, les traittant plustost en soldats qu'en rameurs, resolut de tuer les Espagnols, & de rendre la Galere : Ils assommerent en mesme temps tous les soldats qui estoient à leurs postes, il y en eut seulement vne vingtaine qui se jetterent à l'eau, & se sauuerent sur la coste qui estoit proche. Gomez dormoit sous le couuert de la chambre de Poupe ; & comme il mit la teste hors de l'Escoutille pour voir ce que c'estoit, quatre Chinois qui auoient esté choisis pour l'assassiner luy fendirent la teste en deux : il auoit de grands desseins, & comme il me faisoit l'honneur de me les communiquer, ie puis dire qu'ils auroient mis à vn haut point l'estat de ces Isles. Son fils Dom Louys ieune homme vertueux & d'vne vie exemplaire luy succeda. Il entreprit d'executer les desseins de son pere, & enuoya le Capitaine Gallinato auec trois vaisseaux & 150. soldats. Vne têpeste le separa de ses deux autres vaisseaux, il fut obligé d'aller prendre terre à Mallaca ; les deux autres arriuerent au Royaume de Cambaya, remonterent 80. lieuës dans la riuiere, & arriuerent à Cordomarcho prés du lieu de la residence du Roy. Les Espagnols apprirent là que le Roy de Siam s'estoit rendu maistre du pays, que l'Auquara s'estoit retiré dans le Royaume des Laos, & qu'on auoit establi en sa place vn Roy de sa famille, mais son ennemy declaré. Les Espagnols resolurent de l'aller treuuer, & de luy rendre compte de leur arriuée : ils quitterent donc la riuiere pour aller à vne ville nommée Systor qui en estoit éloignée de neuf ou dix lieuës. Blas, & Louys Diego commandoient vne troupe de 40. soldats, & auoient auec eux vn Religieux nommé Diego Duarte, qui est maintenant en cette Cour : le Roy ne les voulut point voir, & les fit loger dans vne maison d'vn particulier : ils y auoient desia esté trois iours, lors qu'vne femme qui auoit autrefois eu habitude auec Blas, l'auertit que le Roy auoit dessein de leur faire couper la gorge : cét auis leur fit resoudre d'attaquer de nuict le Palais du Roy ; ils y mirent aisément le feu, car il estoit de bois, & a vne maison tout proche qui seruoit de magazin de poudres. Le Roy fut tué dans le desordre de cette entreprise, & nos gens allerent regagner leurs vaisseaux sans perdre vn seul homme, quoy qu'ils fussent suiuis de quatorze mille hommes & de 400. Elephans : Ceux du Pays qui tenoient le party du Roy legitime, & qui s'estoient retirez vers les Laos, leur enuoyerent offrir de leur remettre le Royaume entre les mains, en attendant que leur Roy fust reuenu de sa retraite ; & apprehendant que ce ne fuſt vn ſtratagême pour les arreſter. Gallinato leur Capitaine qui ſuruint en ce temps-là les obligea de retourner aux Maniles: i'ay entendu dire à tous ceux qui aſſiſterent à cette entrepriſe, que ſi Gallinato ne les eut point obligez à ſe retirer, Voſtre Maieſté ſeroit maintenant maiſtre de tout ce Pays, qui eſt tres-conſiderable à cauſe de ſa fertilité & de ſes richeſſes.

La nouuelle eſtant venuë en Eſpagne de la mort de Perez, ſon fils ayant eſté iugé trop ieune pour cet employ, on y enuoya Franceſco Tello de Guzman Treſorier de la Caſa de Contratacion de Seuille, en arriuant il fit arreſter le vaiſſeau le plus riche qui ſut iamais ſorty de cette Iſle, pour auoir le temps, diſoit-il, d'eſcrire à Sa Maieſté l'eſtat où il l'auoit trouuée; ce vaiſſeau ayant perdu par ce retardement l'occaſion des vents de la Mer qui eſtoient neceſſaires pour ſa courſe, eût depuis le temps ſi contraire, qu'il ſe perdit ſur les coſtes du Iapon. Le Roy du Pays leur oſta leur Cargaiſon, & fit mourir ſix Religieux de l'Ordre de S. François qui s'eſtoient embarquez ſur ce Gallion de S. Philippes. Le Gouuerneur en fit perdre encore d'autres par la meſme faute, & cette mauuaiſe conduite ayant eſté imitée par ſes ſucceſſeurs, nonobſtant les deux ordres contraires que Voſtre Maieſté me mit entre les mains, a eſté cauſe de la ruïne du Pays.

En ce temps-là vn Corſaire Hollandois vint ſur nos coſtes, on enuoya contre luy deux vaiſſeaux ſous la conduite du Docteur Antoine de Morga, & de l'Amirante Iuan de Alléga: ces deux vaiſſeaux attaquerent chacun vn des vaiſſeaux Hollandois: apres vn long combat noſtre Capitaine fut coulée à fonds, les plus braues des habitans de Maniles perdirent la vie dans ce combat, les Holandois ſe retirerent à Borney auec la pluſpart de leurs gens bleſſez ou morts. Dans ce temps Don Louys de las Mariñas leua quelques troupes à ſes depens pour aller à Camboia; car Langarac Roy de Camboia y eſtoit rentré dans ſes Eſtats, ſur l'auis qu'il auoit receu que Blas Ruys & Diego Veloſo, auoient paſſé à la Cochinchine & aux Pays des Laos, ſur les vaiſſeaux de Galinato, & auoient fait merueilles pour ſon ſeruice, & tué l'vſurpateur de ſon Royaume; il auoit pris auec luy ces deux Capitaines, & eſtoit rentré dans le Pays auec eux & huict mil hommes que le Roy des Lahos luy auoit donnez. Les Ambaſſadeurs de ce Prince demandoient à D. Louys des ſoldars & des Religieux pour conuertir ſon Royaume.

Nous partiſmes des Maniles auec trois vaiſſeaux & 150. Eſpagnols, apres auoir ſurmonté beaucoup d'oppoſitions & de difficultez. La tempeſte nous ſepara à vingt mille de Maniles, & la Capitane ayant coulé à fonds, nous nous ſauuaſmes à la coſte de la Chine qui eſtoit proche de la ville de Macao, où nous trouuaſmes du ſecours du coſté des Infideles & des Chinois, mais tout le contraire du coſté des Portugais de Macao de qui nous deuons eſperer dauantage; car auſſi-toſt qu'ils ſceurent noſtre diſgrace, ils publierent vne deffenſe ſur peine de perte de biens, & de trois années de galeres, que perſonne n'euſt à nous ſecourir. Ce fut là la fin d'vne entrepriſe qui nous donnoit de ſi grandes eſperances. Il nous arriua dans ce voyage pluſieurs choſes conſiderables dont ie feray mention en vn autre endroit.

Sur les plaintes que ceux de Maniles firent à Voſtre Majeſté, elle enuoya Dom Pedro de Acuña Gouuerneur de Carthagene, auec vn ordre à Dom Franceſco Tello d'aller reſider: cet ordre portoit que ſi on l'euſt treuué dans la nouuelle Eſpagne, il l'eût obligé de retourner aux Maniles, mais il mourut auparauant que de le receuoir. Dom Pedro eſtoit de bonnes mœurs, fort affable, de facile accez, & fort deſintereſſé; les Indiens de Mindanaho attaquerent les Maniles durant ſon gouuernement, ils firent pluſieurs Captifs, & en rapporterent de grandes richeſſes, bruſlerent les Egliſes; ce qui eût eſté facile à ce Gouuerneur d'empeſcher, s'il n'eut point enuoyé aux Moluques toutes les forces & toutes les prouiſions de l'Iſle.

Vingt mille Chinois ſe reuolterent auſſi dans la ville de Manila, qu'il auroit peû empeſcher s'il eût voulu croire le conſeil de l'Archeueſque: on les mit à la raiſon, mais cette reuolte ne laiſſa pas de ruïner nos affaires; car nous ne nous ſçaurions paſſer de ceux de cette Nation: nous y perdiſmes 150. des plus braues hommes de la ville, & entre autres Dom Louys Perez de las Mariñas; il eſtoit ſorti par ordre du Gouuerneur à la

cette de nos gens pour poursuiure les Chinois, il se trouua sans y penser engagé proche
d'vn petit Fort qu'ils auoient basti en deux iours : Les Chinois firent de leurs gens vne
demie Lune, & enfermerent les Espagnols ; & comme ils estoient plus de cent contre vn, ils les tuerent tous à l'exception du Capitaine Francesco de Rebolledo qui se
sauua, car ayant esté laissé pour mort sur le champ, il eut à force de se traisner iusqu'à la
ville, & d'y donner l'auis de ce qui s'estoit passé.

Ce Gouuerneur fut plus heureux dans l'entreprise des Molucques qu'il fit par ordre
de Vostre Maiesté ; à peine auoit-il mis son monde à terre, que quelques habitans du
Pays estant venus escarmoucher auec ses gens, & estans poussez, il entra pesle-mesle
auec eux dans le Fort sans y perdre que huict ou neuf soldats, le Roy de Terrenate se
sauua dans l'Isle de Gilolo.

I'ay commencé à parler des affaires des Molucques, mon intention est de
rendre vn compte exact à Vostre Maiesté de tout ce qui s'y est passé, afin qu'elle puisse mieux cognoistre l'estat present de ces Isles : Dom Pedro auroit rendu vn seruice
de grande importance à Vostre Maiesté, s'il eût sceu profiter de l'occasion qu'il auoit
entre les mains, & il l'auroit fait s'il eut passé à l'Isle d'Amburno, pour reprendre cette
place sur les Holandois qui ne s'y estoient pas encore fortifiez, apres en auoir chassé les
Portugais, ou au moins s'il eût laissé dans les Molucques des Galeres pour garder ces
Isles, & oster à nos ennemis les moyens & le loisir de les fortifier : c'estoit vne voye
fort seure pour se conseruer ce qu'on auoit conquis : il ne le fit pas, il retourna à Manila
auec son prisonnier : le Roy de Terrenate, & le prince son fils qui l'estoit venu treuuer
sur sa parole auec les principaux de son Pays qu'il arresta aussi : Ce manquemét de foy
nous rendit ennemis tous ses sujets, qui se jetterent par cette raison entre les bras des
Holandois, ausquels il fut apres facile de se fortifier dans le Pays, & de se rendre maistres absolus du commerce du cloud de gyrofle. Ie ne puis m'empécher icy de dire à
Vostre Maiesté vne chose qui regarde ce Roy de Terrenate, afin qu'elle commande à
ses Ministres d'y apporter remede : il est vray que tant que Dom Pedro vescut, on le
traita auec respect & bien-seance ; mais an temps de Dom Iuan de Silua ie le vis dans
vne chambre ou toute l'eau de la pluie luy tôboit sur le corps, & ou on le faisoit mourir de faim. Vn iour l'estant allé voir, il s'agenouilla deuant moy, & me pria de faire
en sorte enuers le Gouuerneur qu'on le mit en lieu où il ne fust point mouillé, &
qu'on donnast quelque ordre pour sa subsistance, car il mouroit de faim : qu'il estoit
le plus souuent obligé à demander l'aumosne, & qu'il n'auroit point eu de pain s'il ne
l'eût demandé de cète maniere : ce que ie rapporte icy pour la reputation de V. Maiesté aupres de ces Nations, qui ont sujet de croire que c'est par ses ordres qu'on traite de la sorte vn Prince qui faisoit auparauant trembler toutes les Isles de ces Mers.

Du gouuer-
nement de
Dom Iuan
de Silua, &
de ce qui se
passa auec
les Holan-
dois.

Dom Iuan de Silua arriua en ces Isles l'an 1606. de son temps les Holandois se
mirent auec quatre vaisseaux & vne patache à l'embouchure de la Baye de Manila,
& y demeurerent l'espace de six mois, prenant tous les vaisseaux qui venoient à Ma-
nile ; il ne se trouua point d'abord de vaisseaux en estat de leur opposer, mais ils y furent si long-temps, qu'il eut le temps d'en armer quatre, & d'en acheter vn qui estoit
commencé : on osta des fenestres des maisons des bourgeois de Maniles les barres
de fer pour acheter ce vaisseau : Il fit fondre cinq grosses pieces d'artillerie, & outre
ces cinq vaisseaux, il arma trois galeres, & mit dessus cette armée mille Espagnols : il
trouua le Holandois peu preparés à le receuoir, & qui ne songeoiét à autre chose qu'à
s'enrichir du butin qu'il faisoit sur les Chinois qui viennent tous les ans aux Maniles :
il aborda d'abord vn de ses vaisseaux Holandois, le feu s'y prit & fut emporté en l'air,
il se rendit maistre des deux autres, & ils tuerent beaucoup de monde : mais qui auroit dit que cette victoire eut deû estre la cause de sa perte, & vn commencement de
tant de mal-heurs. Vostre Maiesté luy donna le quint du profit, & ce don auec la
part qu'il y auoit de plain droit luy valoit plus de deux cens mille ducats comme il me
l'a dit. Ce succez luy mit en teste de grandes entreprises ausquelles il s'engagea sans
les mesurer auec les forces de ce Pays : il entreprit contre le sentiment de tous les

habitans, d'aller attaquer l'Isle de Terrenate, & épuisa les coffres de Vostre Majesté, & les forces de l'Isle. Cette entreprise des Molucques luy reüssit fort mal comme tout le monde luy auoit predit. Il voulut y retourner vne autre fois plus fort, &
sans prendre conseil de personne, il entreprit de faire bastir sept gallions auec les
trois qu'il auoit, & six galeres : il luy arriua ce qui arriue ordinairement à ceux qui
ne proportionnent pas leurs desseins auec leurs forces ; il auoit resolu de faire ses
vaisseaux de quinze cens tonneaux, & auoit demandé au vice-Roy des Indes dix
gallions & six galeres pour se joindre auec luy, & trauailler ensemble à chasser les
Holandois de ces Mers. Il l'escriuit à Vostre Majesté, & remplit la cour de grandes
esperances, mais elles estoient mal fondées ; car le Vice-Roy ne pouuoit pas enuoyer
six vaisseaux sans se seruir de ceux qui estoient destinez à la garde des costes, & sans
exposer ce Pays aux insultes des Holandois, outre qu'ils auoient fait plusieurs fois
l'experience du peu d'affection que les Portugais ont pour les affaires d'Espagne.

Le Vice-Roy promit d'enuoyer ces vaisseaux pourueu qu'on luy enuoyast cinq
mille escus. Les coffres de Vostre Majesté & la caisse estoient épuisez, il n'y auoit
point d'argent. Il enuoya Christoual de Asqueta auec des obligations des Officiers
de Vostre Majesté pour emprunter cét argent des marchands, chose ridicule à ceux
qui connoissent les marchands des Indes. Asqueta s'embarqua sur vn vaisseau, pour
l'armement duquel les marchands presterent seize mille escus, auec quarante Espagnols qu'on luy donna pour augmenter son authorité & son credit ; il coula apparamment à fonds, car l'on n'en a iamais eu de nouuelles. Dom Iean de Silua demanda
aussi au Vice-Roy de la nouuelle Espagne des troupes & des munitions, mais il fit
partir si tard ceux qui deuoient soliciter ce secours, que ces mesures ne se rencontre-
rent point auec celles du Vice-Roy ; quelque diligence qu'il peût faire pour cela, il
fallut aller chercher dans le fonds des bois des arbres assez grands pour pouuoir seruir à la fabrique de ses gallions : Ie sçay par la relation des Religieux de S. François, & de la bouche de l'Alcade de la prouince où ils furent coupez, que six mille
Indiens trauaillerent l'espace de trois mois pour tirer les masts de la Capirane au
trauers de six lieuës de montagnes fort rudes. On donnoit par mois quarante Reaux
à chacun des Indiens, surquoy il falloit qu'ils cherchassent à viure. Ie passe sous si-
lence le mauuais traitement & les inhumanitez de ceux qui auoient la conduite de ce
trauail, & le nombre de ces Indiens qui y perdirent la vie ; quatorze gallions d'vne
grandeur ordinaire n'auroient pas coûté la moitié. Ie ne dis pas à Vostre Majesté le
nombre de ceux que l'on fit pendre, qui furent obligez de quitter femmes & enfans, & de se retirer és montagnes. Ceux qu'on vendit pour esclaues pour payer le
dommage qu'on supposoit estre arriué par leur negligence, le scandale de l'Euangile, & de la cruauté auec laquelle ces miserables estoient traittez par la tyrannie & l'a-
uarice de ceux qui conduisoient l'ouurage.

Il enuoya ramasser tous les soldats qui estoient dans les autres Isles voisines, &
nommement ceux de la garnison de l'Isle de Cibu ; l'on en tira l'artillerie pour la conduire à Manila, ce qui donna occasion aux Indiens de l'Isle de Mindanao de ruiner
leurs habitations en ces Isles. Il deffendit sur peine de la vie que personne ne sortist
de la ville, & cependant l'on ne donnoit point d'ordre pour la subsistance de ces ou-
uriers, si bien que quantité se retirerent, & l'allerent chercher dans les Pays voisins :
ce que firent aussi les mariniers ausquels il osta la moitié de leurs rations, & il s'en
enfuit plus de deux cens dans le temps qu'ils en auoient le plus affaire. Il fit prouision de beaucoup de viures pour les Indiens qui furent inutiles, car elle ne se fit pas à
temps : il enuoya querir du metal & du salpestre au Iapon, en deux ans de temps il
fit fondre cent cinquante pieces de grosse artillerie ; & comme ceux qui en auoient
la conduite estoient fort ignorans, de 36. pieces qui furent épreuuées en ma presen-
ce, il y en eut 17. qui creuerent. Ils n'en pûrent iamais faire aucune qui fût à l'é-
preuue, iusques à ce que quelques Iaponois firent des fours à leur mode, & des souf-
flets qui faisoient grand vent. L'artillerie de ces Iaponois se trouua meilleure,

mais quelques-vnes de leurs pieces ne laisserent pas de creuer, à cause qu'ils ne sçauent pas faire l'alliage du cuiure. Dom Iuan de Silua estoit engagé bien auant dans ce dessein, & voyant qu'apres deux ans de temps il n'auoit point de nouuelles d'Asqueta, il creut qu'il s'estoit perdu : il depécha au Superieur des Iesuites à Goa, le priant de demander de sa part au Vice-Roy sept gallions, ils obtinrent auec peine & grande contradiction de la part de la ville de Goa quatre galions & quatre galliotes mal armées & mal montées d'hommes. C'est vne pitié de voir ce qui se passe aux Indes en cette matiere : Ils partirent pour aller aux Maniles, & ayant trouué les vents contraires, ils arriuerent fort tard à Malaca & au détroit, le General qui commandoit ces vaisseaux n'osa le passer, quoy que le Recteur ou Superieur des Iesuites l'exhorta fort de l'entreprendre, & la chose alla si auant, que le General luy dit vn iour qu'il s'allast vistement cacher sous couuerte, d'autant que les mariniers le cherchoient pour le tuer, à cause, ce disoient-ils, qu'ils les vouloit faire noyer. Dom Iuan sceut que ces vaisseaux l'attendoient à Mallaca, il enuoya le Capitaine Iuan Gallegos pour leur porter de ses nouuelles, auec ordre de l'attendre là, qu'il les prendroit en passant, & que ces vaisseaux ioints en corps d'armée iroient attaquer les Holandois à Iaua où ils ont leur principale retraite, que de là ils passeroient aux autres Isles, à Ambueno & aux Molucques : Gallegos tomba entre les mains des Holandois vers le Cap de Sincapoura ; ils aprirent de luy le dessein de Dom Iuan, deuant cét aduis le Roy d'Achen qui auoit fait ligue auec les Holandois vint auec vne armée de 400. vaisseaux & de 4000. hommes pour prendre Malaca. Les gallions se trouuerent là fort à propos, il brusla vn des galions & se retira sans rien faire dauantage. Les Holandois y vinrent apres qu'il fut party, ils bruslerent les trois autres dans la riuiere de Malaca, s'auancerent dans le détroit où ils prirét le Capitaine Gallenegos. Les Portugais acquirét peu d'honneur en cette action, mais ce n'est point mon intention d'en parler icy. Dom Iuan partit des Maniles le 28. Feurier 1616. auec dix galions plus grãds que tous ceux qui se sont veus en Europe : il partit auec ces galions & quatre galeres : il fit voile dans le détroit croyant y trouuer les quarre galions de Goa, il sçeut qu'ils auoient esté bruslez, & au lieu d'aller attaquer les Holandois à Iaua, il laissa les galions dans le détroit, & passa auec les galeres à Malaca, où il fut receu sous vn daiz auec grande allegresse de ces peuples : il se trouua bien en peine de la resolution qu'il deuoit prendre ; tantost on le conseilloit d'attendre le Vice-Roy de Goa l'année suiuante, d'autres luy conseilloient de retourner aux Maniles, mais la mort le déliura de cette irresolution le 19. Auril 1616. Il laissa ordre à l'armée de retourner aux Maniles, & d'y porter son corps. L'air du détroit est fort mal sain, les eaux y sont empoisonnées, si bien que l'on y iettoit tel iour iusqu'à 40. personnes mortes de peste. Les soldats auoient le visage pasle, estoient enflez, & disoient tous que s'ils y fussent demeurez quinze iours dauantage, ils n'auroient pas eu assez de monde pour faire le seruice des vaisseaux : ils auoient perdu toutes leurs anchres dans les courrans de ces Mers qui sont fort grands, & se seroient échonez contre la coste s'ils n'en eussent treuué à acheter à Malaca : enfin cette armée arriua en aussi mauuais ordre, comme si elle eût esté vn an en Mer.

Vn iour il fit mettre son armée en estat de faire voile, & d'aller attaquer les ennemis ; & dans vn discours qu'il leur fit, il leur exposa qu'il auoit receu vn ordre exprez de Sa Majesté d'executer cette entreprise. Le Docteur Vega luy demanda que cét ordre fut leu publiquement : Le Secretaire le leut. Vostre Majesté luy commandoit de donner auis au Vice-Roy des Indes, afin qu'ayant ioint leurs forces, & le Vice-Roy y estant en personne, ils allassent chercher l'ennemy : on luy opposa qu'il n'auoit point satisfait à l'ordre de Vostre Majesté, qu'il faloit cinquante mariniers sur chacun de ces vaisseaux, & qu'il n'y en auoit pas douze effectifs : en effect ils s'estoient enfuis comme i'ay dit cy-deuant ; que chaque galion n'auoit que deux anchres disproportionnées à la grandeur de ces machines, & deux autres anchres de bois, qu'ils appellent dans le Pays Cenepites ; que dans ces Mers où il y a de grands courans & beaucoup de bancs, il falloit jetter l'anchre quasi tous les iours auec danger de se perdre. Qu'il n'auoit cordages ny voiles, & qu'il laissoit la ville depeuplée & exposée aux insultes de ses ennemis. Qu'il en auoit osté toute l'artillerie contre les ordres de Vostre Majesté, & toute sorte de maximes de bon gouuernement: Que l'ennemy sçachant la route qu'il auroit à faire auroit peu prendre ce temps pour attaquer Manila, qu'il l'auroit trouuée sans deffense, & entourée de quinze mil Chinois, & de ceux du Pays, qui se tourneroient indubitablement contre les habitans, à cause des mauuais traittemens qu'ils en auoient receus. Que la route qu'il prenoit estoit impraticable, le Mousson y estant contraire.

La conclusion des principaux de cette assemblée fut, qu'il auroit mieux fait d'attendre l'année suiuante le Viceroy des Indes, & de prendre en ce temps-là de meilleures mesures pour vne si grande entreprise. Le Docteur Vega luy estendit toutes ces raisons & beaucoup d'autres dans vn Memorial qui est imprimé: Le Fiscal fit ses protestations; la chose vint si auant, que ces deux Officiers furent contraints de sortir de la ville de crainte d'estre arrestez: La ville d'ailleurs estoit diuisée en partys, il la laissa dans ce pitoyable estat, & plusieurs gens qui s'estoient engagez à le suiure s'absenterent le iour qu'il fallut partir: A peine estoit-il party, qu'on vid paroistre à la bouche de la Baye de Manila cinq vaisseaux Holandois, qui auroient eu bon marché de nous s'ils eussent sceu l'estat où nous estions: mais sur l'auis qu'ils eurent que Dom Iuan estoit allé vers Iaua, ils prirent cette route pour secourir ceux de leur Nation. Ce fut vn grand mal-heur pour nous de ce que nostre armée ne rencontra point ces vaisseaux, car si elle les eut pris comme elle pouuoit faire aisément, il nous eut esté facile de venir à bout des Holandois qui estoient dans les Isles, & i'ay vne lettre de Dom Ieronimo son cousin, où il asseure qu'ils estoient tous resolus de se rendre, & que ceux du Pays nous auroient donné les mains pour les chasser, car ils sont tousiours prests à suiure le party du plus fort.

Ces cinq vaisseaux Holandois dont ie viens de parler, auoient passé le détroit de Magellan, & auoient couru les costes du Peru & de la nouuelle Espagne: d'autre costé, les Holandois des Molucques auertis du dessein de Don Iuan, auoient choisi dix de leurs meilleurs vaisseaux, sur lesquels ils auoient mis leurs meilleurs hommes, & l'eslite de leur artillerie; mais comme ils virent qu'il ne venoit point, & que le temps de ce voyage estoit passé, ils resolurent de le venir chercher iusques dans les Maniles: & ayant appris sa mort par le rapport des Indiens, ils concerterent auec eux de nous attaquer de tous costez dans ces Isles. L'Indien qui cômande dans Mindanao vint auec 60. Caracoras qui sont des petites galiotes, & attaqua la prouince de Camarines, il y brusla vn vaisseau, & deux patraches qu'on y bâtissoit pour Vostre Majesté, & y fit prisonniers vne trentaine d'Espagnols, auec les deux Chefs qui commandoient: ces Caracoras se diuiserent en deux esquadres, l'vne voulut aller chercher les Holandois, l'autre fut à l'Isle de Panay. Dom Diego de Quiñones qui cômandoit dans l'Isle des Pintados, enuoya contre eux Lazaro de Torrez auec deux Caracoras; il en prit quatre, & mit les autres en suite, elles se perdirent apparamment dans ces Golphes, car on n'en a point eu de nouuelles depuis.

L'Isle de Mindanao la derniere des Isles Philipines, est esloignée de quelques vingt lieües de l'Isle de Cibu: la pointe de cette Isle qui regarde celle de Cibu est habitée par des Indiens pacifiques qui payent tribut à Vostre Majesté, & entre lesquels il y a beaucoup de Chrétiens. La coste court de l'Orient à l'Occident, & s'incline quelquefois du Nord-Est au Sudvvest sur le Nord-Est Sudvvest, elle a plus de 300. lieües de circuit: la partie la plus auâcée vers le Zud est sous le 6. degré de latitude Nord, elle est peu cultiuée; mais ceux qui y ont esté asseurent qu'ils y ont veu plusieurs mines d'or, quâtité d'arbres de canelle & des ciuertes. Le Capitaine Esteuan Rodriguez de Figueroa y fut l'an 1596. auec titre de Gouuerneur & de Capitaine General de cette Isle. L'entreprise se fit à ses dépens, mais sa mauuaise fortune voulut, que la premiere fois qu'il mit pied à terre, il fut tué par vn Indien qui luy auoit dressé vne embuscade. Le

Capitaine Iuan de la Xara en voulut prendre la conduite, mais le chef estant mort la diuision se mit entre ses gens, & l'entreprise fut abandonnée. Cependant ces Indiens coururent auec leurs vaisseaux dans ces Isles, & y firent beaucoup de mal. Du temps du Gouuernement de Dom Francesco Tello, les Gouuerneurs ont negligé d'y apporter remede : Ces Indiens n'attaquent iamais les Espagnols, mais ils sont si redoutables aux autres Indiens qui payent tribut à Vostre Majesté, qu'ils ne sont point en seureté dans leurs maisons. Ie leur ay entendu dire des choses qui deuroient faire honte aux Gouuerneurs de Vostre Majesté; Ils se plaignent qu'ils ont tant de soin de leur faire payer les tributs qu'ils leur imposent, cependant qu'ils sont si negligens à les deffendre de ceux que leur attachement pour l'Espagne a rendu leurs ennemis. Qu'on nous laisse en liberté, ce disent-ils, & qu'on nous permette d'auoir des armes, nous nous deffendrons fort bien, comme nous faisions auparauant que les Espagnols eussent entrepris de nous proteger; & si les Iesuites & les autres Religieux ne les entretenoient dans l'obeissance, en leur faisant esperer vn meilleur traitement, ils se reuolteroient, & se mocqueroient de nous, comme ont desia fait quelques-vns. Ie marque icy ces desordres à Vostre Majesté, afin qu'elle commande à ses Gouuerneurs d'y apporter remede, puis que sa conscience en est si chargée, & qu'ils ont eu l'effronterie d'escrire que ces Indiens estoient en paix, & reduits, en vn temps qu'ils détruisoient & brusloient actuellement Vos Eglises.

Les Holandois ayans donc appris la mort de Dom Iuan de Silua, vinrent à vn port nommé Yloilo, auec dessein d'y bastir vn Fort pour se rendre maistres de ces Isles, & pour en tirer des viures pour Terrenate, qui est la principale place des Molueqnes, ils auoient desia fait vne autre descente en cette Isle en vn endroit nommé Arcualo habité par les Espagnols, & apres auoir bruslé toute leur habitation sans que Vos soldars qui estoient en garde eussent seulement la hardiesse de tirer vn coup de mousquet, ils estoient demeurez d'accord auec les naturels du Pays de venir habiter ces Isles : Dom Diego de Quiñones auec soixante & dix hommes entreprit de leur empescher ce dessein, & fit vn petit fort de fascines & de gabions remplis de terre; les Holandois en approcherent auec leurs dix galions, & voyant que leur artillerie ne les obligeoit point à quitter la place, ils mirent à terre sept compagnies d'Infanterie, qui l'attaquerent par deux endroits : La resistance fut si vigoureuse, qu'on les obligea à se retirer. Lazaro de Tormez auec quarante soldats s'estoient mis en embuscade sur le chemin de leur retraite, & leur tua beaucoup de leurs gens, nous y eusmes vingt personnes ou morts, ou blessez. Cette action fut de grande importance à cause de la disposition où estoient les naturels du Pays, & des autres circonstances qui l'accompagnoient. On auoit resolu de faire vn Fort au Port de Yloilo, & d'y enuoyer six pieces d'artillerie auec vn Ingenieur; car on voyoit bien que si l'ennemy y venoit, il tascheroit de se rendre maistre de ce poste. Elles arriuerent vn mois apres que l'occasion de s'en seruir fut passée, si Dom Diego eut eu ces pieces, il auroit coulé à fonds la moitié de cette armée, tant il importe que celuy qui gouuerne fasse les choses dans leur temps. Les Holandois au sortir de l'Isle de Yloilo vinrent à l'Isle de Mariueles qui est au milieu de la Baye de Manila : La sentinelle qui est tousiours dans cette Isle fit le signal de l'arriuée de ces vaisseaux, les Holandois barerent les deux amboucheures, & apres auoir reconnu le Port de Cabité auec vne lunette de longue veuë, ils se retirerent. Andreas de Alcaraz estoit alors le plus ancien du Conseil, & faisoit la charge de Capitaine general. On mit en deliberation si l'on se deuoit mettre en Mer auec les vaisseaux qui estoient dans le Port, & aller attaquer l'ennemy : on alleguoit en faueur de cette resolution la perte irreparable de tous les vaisseaux qui deuoient en ce temps-là venir de la Chine. On representoit l'incommodité qui se seroit ensuiue d'vn semblable blocus, pendant lequel on auroit manqué de toutes les choses necessaires que ceux de dehors auoient accoustumé de nous apporter; on y pouuoit remedier en auertissãt les Chinois de ne pas venir dans tout le mois d'Auril, le Capitaine General ne le voulut pas permettre, à cause que l'ãnee precedente

cedente comme on eut enuoyé par son ordre vn semblable aduis à la Chine dans le temps qu'il y auoit des vaisseaux Holandois denant la Baye, les Chinois furent long-temps sans y venir, ce qui auoit cause vn notable preiudice aux droits que le Roy a sur les Entrées; toute la ville pressoit le Gouuerneur de faire sortir l'armée; les Ecclesiastiques luy en firent des protestations. Alcaraz y trouuoit mille difficultez, Qu'il n'y auoit ny voiles ny cordages, que les coffres de Sa Maiesté estoient épuisez, que l'artillerie estoit douteuse, qu'il estoit necessaire de la faire refondre, enfin que si l'affaire ne reüssissoit pas, tout le Pays couroit risque de se perdre. Comme on estoit dans cette irresolution, les vaisseaux de la nouuelle Espagne arriuerent: ils auoient eu vn mauuais voyage, à cause qu'ils n'estoient pas venus dans le temps propre, qui est vne faute qui se fait tous les iours, quoy que ceux qui la font en portent la peine, & en fassent penitence. Il y auoit dessus 150. mariniers, beaucoup de passagers, & quelque artillerie. Ce fut vn grand bon-heur pour nous que l'ennemy n'eut point de nouuelles de leur arriuée, car il luy auroit esté facile de s'en rendre maistre, l'vn de ces vaisseaux ayant déchargé à vn Port éloigné à vingt lieües du lieu où estoient les Holandois, & l'autre dans vne Isle nommée Cybuyan.

Dans ces entrefaites celuy qui commandoit les Indiens de Mindanao, vint auec son Escadre de Caracoas, à vn lieu de la coste des Maniles nommé Balayam. Le peuple s'enfuit, ils mirent le feu au magazin des cordages par la faute de celuy qui y commandoit; car il auoit esté auerti par le Mestre de Camp Dom Iuan Ronquillo du dessein des Indiens sur cette habitation.

On demanda en vain à l'Alcalde Major 500. soldats pour la deffendre: il differa de iour à autre de les enuoyer, & donna lieu à l'ennemy de faire ce coup. Nostre Seigneur nous fit la grace que tout le cordage ne brusla point, & qu'il en resta assez pour mettre en estat les vaisseaux de l'armée, sans quoy il eut esté impossible de les mettre en Mer.

L'on enuoya deux Galeres pour empescher que les Indiens ne se ioignissent, & pour les attaquer auparauant leur ionction; car deux Galeres à coups de rames pouuoient couler à fonds leurs 35. Caracoas. Elles passerent de nuict assez proche de l'armée Holandoise sans estre découuertes; elles trouuerent les Indiens dans vne riuiere de l'Isle de Mindoro nommée Baco, si les Galeres se fussent postées à l'entrée de la riuiere, vn seul de leurs battimens n'en seroit pas échapé: en effet les Indiens se voyans pressez de si prés, s'addressèrent à ceux des nostres qu'ils auoient fait prisonniers, les priant de leur faire donner bon quartier. Celuy qui commandoit les Galeres n'eut pas le courage d'en approcher de plus prés, & s'en alla à vne autre Isle, disant qu'il n'osoit pas se hazarder d'entrer plus auant dans la riuiere, de peur d'y perdre ses Galeres; & quoy que le vent qui estoit tout son pretexte eût cessé sur la minuit, il n'y retourna point que le iour suiuant sur le soir, après auoir sceu que les ennemis n'y estoient plus. On a dissimulé cette faute pour de certains respects, comme on a fait en beaucoup d'autres rencontres. Il sembloit qu'il y eût quelque mauuais demon employé à trauerser les desseins des armes de Vôtre Majesté; car ils apprirent que deux vaisseaux qu'on auoit depéché cette année là de la Nouuelle Espagne auec des troupes & de l'argent pour secourir les Moluques, auoient esté iettez par les vents d'aual sur les costes du Iapon, & qu'au mois de Iuillet l'Amirante s'estoit perduë, d'où ne antmoins on auoit sauué les marchandises & les soldats, que le General nommé Francesco de la Serna estant venu à la coste de Pangasinan à vingt lieües de l'armée Holandoise s'estoit mis à couuert dans vn Port de cette coste, & auec l'aide de l'Alcalde Major de cette Prouince, il auoit déchargé à terre son vaisseau, en auoit osté l'artillerie, & s'estoit fortifié dans vn poste, après auoir enuoyé à la ville l'argent, & ce qu'ils auoient de plus precieux. Les Holandois en eûrent auis, ils y vinrent, l'on mit le feu au vaisseau de peur qu'ils ne l'emmenassent. Aux Maniles cependant on auoit nommé le Mestre de Camp Dom Iuan Roquillo pour commander l'armée; il fut aussi tost au Port pour mettre en estat six Galions, car il n'y auoit point d'esperance

Seconde Partie.   C d'en pouuoir donner dauantage. On envoya des personnes de confiance dans toutes les Isles voisines pour en tirer tout ce qui leur est necessaire : on esprouua l'Artillerie, & on fit refondre celle qui n'estoit pas bonne : on auoit trouué le juste alliage du metail & la proportion qu'il leur falloit donner, tellement que les fondeurs n'en manquoient point, tout le monde se preparoit à ce combat, & à contribuer ce qu'il pouuoit à l'armement des vaisseaux. Les Holandois voyant que le temps de l'arriuée des marchandises de la Chine approchoit sortirét de la Baye, & se mirent à vingt lieuës de là au lieu nommé la playa Honda, que les vaisseaux Chinois viennent toûjours reconnoistre. Le vaisseau Hollandois que Dom Iuan de Silua prit l'an 1610. s'estoit mis en ce mesme Poste : la baye estant ainsi libre on fit venir l'Amirante. Elle arriua dans le Port chargée de munitions, car on l'auoit destinée à seruir de magazin, elle portoit 30. pieces d'Artillerie, on la mit en estat de seruir, ainsi nostre armée estoit de sept Gallions, le moindre desquels auoient 30. grandes pieces de bronze : on nomma les Capitaines & les Officiers des Gallions auec ordre à chacun de prendre les soldats, & les Bourgeois de Maniles qui voudroient les suiure : les Chefs furent ceux-cy. Du Gallion de S. Iean Baptiste l'Admirant Pedro de Heredia : du Gallion S. Michel l'Admirante Rodrigo de Guilastiqui : du Gallion San Felipe le Capitan Sebastian de Madrid : de celuy de Nuestra Señora de Guadalupe, le Capitan Iuan Bautista de Molina : de celuy de San Lorenço, le Capitan Azendo : du Gallion de saint Marc qu'on appelloit l'Amiral à cause qu'il l'auoit esté l'année que Dom Iuan de Silua fut à Malaca, fut donné à Dom Iuan de la Vega fils du Docteur Vega Conseiller de l'Audiance de Manilla.

L'on eut de la peine à conuenir du chois de l'Amiral, Dom Diego de Quiñones qu'on auoit fait venir d'Oton, & qui n'estoit pas encore bien guery de sa mousquetade, y pretendoit auec Fernando Moñis Arramburu qui auoit esté Amiral des Carauelles d'Espagne, & pour de certains esgards que ie ne puis expliquer, l'vn & l'autre en furent exclus, fautes qu'on a reconnu depuis en vn temps où il n'y auoit plus de remede ; mais pour ne paroistre pas qu'ils eussent éuité l'occasion, ils offrirent de seruir de leurs personnes : Arramburu se mit auprés du general, pour le seruir de son Conseil, & on donna vne galere à Dom Diego auec la qualité de Quatraluo : Dom Alonso Henriquez en commanda vne autre en qualité de general, Dom Pedro d'Almazan la troisiéme. Le Gallion nommé le Saluador estoit la Capitane. C'estoit le plus grand & le meilleur Gallion qu'on eut veu en mer, il portoit 56. grosses pieces d'Artillerie, dont la pluspart estoient de 25. ou 30. de Balle, & le reste de 18. L'Armée sortit du port, & se mit à la voile le 8. d'Avril pour aller chercher l'ennemy. Le soir de cette journée-là qui estoit vn Samedy, elle alla moüiller à la bouche de la Baye pour apprendre de ses nouuelles. L'on sçauoit en general qu'il auoit déja pris beaucoup de vaisseaux Chinois. Vn espion nommé Iuan de Guaça qui les auertissoit de ce qui se passoit à l'armée ennemie, leur escriuit qu'à six lieuës de là il y auoit deux de leurs vaisseaux & que le reste estoit dans la Plata honda. Cette relation se trouua fausse, & fut cause que nous ne remportasmes point la victoire la plus complette qui se puisse souhaiter, comme on le verra par la suite. Sur cét auis le general prit ses mesures pour venir fondre au matin sur ces vaisseaux, il ne les trouua point, & ne peut arriuer que sur le soir deux heures aprés le Soleil couché à la Plata honda, autrement il y fut arriué à la pointe du jour, & on auroit surpris quatre vaisseaux, dont les Officiers estoient à terre, ne songeans à autre chose qu'à se resioüir du buttin qu'ils auoient fait ; ils descouurirent l'vn de nos vaisseaux, eurent le temps de retourner dans leur bords, & de se ioindre aux deux autres de leurs vaisseaux qui reuenoient de la coste de la Chine, où ils auoient fait de grands buttins. Ils prirent la largue auec 2. vaisseaux Chinois qu'ils auoient pris, les armées ne firent autre chose ce jour là que de s'obseruer l'vne & l'autre. Le Vendredy au matin nostre armée parut separée, ou faute de n'auoir pas pû suiure la Capitane, ou par faute des pilotes à quoy il y auoit plus d'apparence. Car en ces quartiers cy', on ne s'éclaircit & ne punit iamais les fautes qui se font faites, en quoy l'Amirale eut aussi grand tort ; car elle manqua à les rallier. Le Capitaine, celle de saint Michel, & de S. Iean Baptiste estoient fort pressez de l'ennemy, les autres en estoient éloignez de plus de trois lieuës au dessus du vent. L'ennemy voulut profiter de l'occasion, & resolut d'aborder la Capitane, croyant que s'il s'en pouuoit rendre maistre, les autres ne luy donneroient pas beaucoup de peine, car il supposoit qu'elles estoient là seulement pour l'appuyer. Il tascha de luy gagner le dessus du vent ; la Capitane qui estoit bonne voiliere fit la mesme chose, & pour virer d'vn bord à l'autre plus promptement, elle donna vn cable à la galere de Dom Antonio Henriquez qui la remorqua autant qu'il falloit pour luy faire gagner le vent sur l'ennemy qui s'auançoit auec son armée en cette ordre ; la Capitane estoit à la reste, & les autres en suite, en sorte que la proüe de l'vne touchoit la poupe de celle qui estoit deuant : Ils pouuoient attaquer le S. Iean Baptiste qui estoit à la poupe de la Capitane, où le S. Michel sur lequel ils auoient l'auantgage du vent ; mais ils estoient resolus d'attaquer la Capitane, & ne pouuant point gagner sur elle l'auantage du vent, ils en approcherent fort prés, & chacun de ses vaisseaux la salua de toute sa bordée. La Capitane leur respondit de mesme, & lâcha à chacun des vaisseaux des ennemis, vingt-cinq vollées de canon, si bien qu'ils ne retournerent plus à la taster de la sorte. Nous auons sçeu qu'ils tinrent cette nuit là conseil dans leurs vaisseaux, & qu'il y en eut quelques-vns qui furent d'auis de faire voiles aux Molucques, tant ils auoient esté mal-traitez par nostre Capitane ; mais le General les rasseura, leur disant que la Capitane estoit le seul vaisseau de deffense de nostre armée, & qu'il entreprendroit de sen rendre maistre. Dom Iuan Ronquillo rallia cette nuict son armée, & Dom Diégo de Quinones porta l'ordre aux Galeres, que chacune attaqua le vaisseau ennemy dont elle se treuueroient le plus proche, & que le S. Laurens secoureroit celuy des nostres qui se treuueroit le plus pressé.

Le 15. d'Auril nostre armée auoit le dessus du vent sur celle de l'ennemy : Dom Diego de Quinones fut demander au General les ordres pour l'attaque, le General luy donna le mesme ordre que le iour precedent, y adioustant seulement qu'on luy laissât la Capitane des ennemis, & les alla inuestir, apres auoir inuoqué l'immaculée Conception de la Vierge. Les Holandois esperoient que nos Espagnols sauteroient d'abord sur leurs vaisseaux, & ils auoient tant de deffentes pour les faire perir, que Dom Iuan de Ronquillo fut obligé de publier vn ordre que personne n'entrât sur les vaisseaux qu'apres qu'ils se seroient rendus. La chose fut executée, nostre Capitane aborda celle de nos ennemis, & quoy qu'il luy eût presque tué tout son monde, elle ne se voulut point rendre ; en fin elle la mit en vn tel estat, qu'elle coula à fonds ; le General & quelques autres se sauuerent dans la chaloupe, ils disent qu'elle estoit chargée de richesses qu'ils auoient prises sur les Chinois. Le Capitaine se nommoit le nouueau Soleil d'Hollande, qui passa sous l'horison ce iour-là malheureusement pour eux. Le Capitaine Iuan Baptista de Molina fut le premier qui aborda vn des gallions de l'ennemy ; Diego fit la mesme chose auec sa galere ; ils les auoient desia mis en estat de demander quartier, lors qu'vn vaisseau des Holandois qui estoit en feu vint tomber sur eux, ce qui les obligea d'abandonner leur prise. Molina & Dom Diego allerent attaquer l'Amiral des Holandois qui s'estoit accroché auec Dom Pedro de Acredia, & qui luy auoit tué la pluspart de son monde. Le Holandois le quitta, & prit la largue pour se retirer, mais en si mauuais estat, que les Indiens & les Chinois asseure qu'il coula à fond le iour d'apres.

Le Capitaine Sebastien de Madrid fut tué allant à bord d'vn autre vaisseau. Cette bataille fut aussi sanglante qu'il y en ait iamais eüe sur Mer, les vns & les autres estans resolus de mourir plustost que de se rendre. Trois de nos gallions suiuirent ceux de l'ennemy ; mais comme en matiere de la Mer celuy qui fuit a l'auantage, ils ne les pûrent pas joindre, & la nuict estant suruenuë, nous les perdismes de veuë, vn de nos gallions perdit sa routte, & ne nous joignit que deux iours apres.

Seconde Partie.   ¶ C ij

Noſtre General ſe reſolut de retourner à Manila à cauſe que l'eau luy manquoit. Le Gallion de S. Michel fut obligé de faire la meſme choſe, il faiſoit eau de tous coſtez, & on ne la pouuoit vaincre auec les pompes. Le Gallion de Pedro d'Acredia vint à l'emboucheure de la Baye dans le mauuais eſtat où les ennemis l'auoient mis. Le iour ſuiuant deux Gallions de l'ennemy parurent au lieu où la bataille s'eſtoit donnée; ils auoient auec eux vn vaiſſeau du Iappon chargé de farines, ils ne ſçauoient rien de la bataille, & vinrent attaquer le vaiſſeau de S. Marc: il s'échoüa vers la terre, & mit le feu à ſon vaiſſeau ſi proche des ennemis, qu'il pouuoit entendre les iniures qu'ils luy diſoient. Ainſi ſe perdit le meilleur gallion de noſtre armée apres la Capitane. Il y a-uoit deſſus trente-ſix pieces de canon que l'on a peſchées depuis. Le chef qui le com-mandoit fut pris, & eſt à remarquer qu'il fut pris le iour meſme de S. Marc, par l'inter-ceſſion de qui l'année precedente Dom Iuan de Silua auoit remporté vne ſignalée vi-ctoire. Dom Iuan Ronquillo en eut auſſi, & alla chercher ces deux vaiſſeaux, mais vn ieune garçon Hollandois qui eſtoit dans le vaiſſeau de S. Marc s'eſtoit ietté à la nage, & les auoit auertis de noſtre armée, ſi bien qu'ils auoient pris la route du Iappon.

L'on a de la peine à comprendre que les ennemis euſſent dix vaiſſeaux, car il ne s'en trouua que ſix dans le combat, mais l'vn s'enfuit le iour de la bataille, & ſon Capitaine fut pendu aux Molucques pour cette laſcheté. Le General en auoit renuoyé vn autre auec les bleſſez, à l'attaque de Dom Diego de Quiñonez, & auſſi à cauſe qu'il faiſoit beaucoup d'eau: Dans le Gallion de Noſtre-Dame de Gua-daluppe, le Capitaine Molina auoit vne image de la Vierge en relief, qu'il tenoit dans vn petit tabernacle de bois; vne balle de dix-huict liures le mit en mille pieces, & l'image ne fut point endommagée. Dans celuy de S. Iean Baptiſte il y auoit le tableau d'vn Crucifix, il y entra vne balle de douze liures qui porta ſur le tableau ſans y faire au-tre mal que d'oſter vn peu d'or qui eſtoit ſur la robbe de la Vierge. Dans la Capita-ne vn canonnier mit trois fois le feu à vne piece d'artillerie ſans qu'il la pût faire tirer; le canonnier eſtonné voulut voir d'où pouuoit venir ce deffaut, & il trouua que la piece eſtoit ouuerte; ſi elle euſt pris feu elle eut fait vn grandiſſime dommage, & eut pû bru-ler le vaiſſeau, ce qui fait voir clairement que la Vierge les fauoriſa en cette occaſion. La ville de Manila cependant n'eſtoit pas oiſiue, on y porta en proceſſion l'image de Noſtre-Dame de Guyau, tout le monde ſe confeſſa & ſe communia: on tint le S. Sa-crement expoſé ſur les Autels, & on fit d'autres deuotions auſquelles nous deuons principalement le bon ſuccez de cette iournée.

SECONDE PARTIE;

Des moyens de conſeruer les Philipines, & combien la conſer-uation de ce Pays importe à Voſtre Maieſté.

A premiere raiſon de proteger ces Iſles eſt celle de la propagatiõ de la Foy Catholique, à laquelle Voſtre Maieſté eſt d'autant plus obli-gée, qu'elle a herité à ce zele d'augmenter noſtre Religion, & la gloi-re de Dieu, de ſes illuſtres anceſtres, & principalement de ſes pere & mere; & d'ailleurs c'eſt ſous ce ſeul tiltre qu'elle iouit de la ri-cheſſe des Indes: ſi Voſtre Maieſté abandonnoit cette entrepriſe, ſa gloire en receuroit vne grande diminution aupres des nations eſtrangeres, & prin-cipalement aupres des heretiques, qui pourroient dire que Voſtre Maieſté n'a point eſté portée à la conqueſte de ces Pays, par le zele de la gloire de Dieu, mais par la ſeule raiſon de l'intereſt, puis qu'elle laiſſe perdre le Chriſtianiſme aux lieux où elle ne trouue point de profit à le conſeruer. La 2. raiſon eſt celle de la conſcience, Voſtre

Majesté ne pouuant pas abandonner le Christianisme, dans vn lieu où elle peut esperer de le pouuoir establir. La troisiesme est la raison d'Estat ; ce seroit donner des armées & des forces à vos ennemis, & en faire declarer d'autres qui ne sont desia que trop enuieux de la grandeur de ses Estats : l'importance de la conseruation de ces Isles se void assez par les grandes despenses qu'ils font pour luy en oster la jouïssance : on voit clairement qu'ils font plus qu'ils ne peuuent d'eux-mesmes, & l'on ne peut pas douter qu'ils ne soient assistez sous main des ennemis de Vostre Majesté, & des autres Princes enuieux de sa Grandeur de ses Estats ; ie puis faire voir bien clairement que les Holandois en tireroient plus de huict millions par an, s'ils en estoient les seuls & libres possesseurs, & s'ils auoient entre leurs mains les drogues, les espiceries, le commerce du Iapon, de la Chine, & des Royaumes circonuoisins.

La 4. raison est que si nous n'arrestions point leurs forces en ces pays-cy, ils accableroient les Indes de Portugal.

La 5. raison est la connoissance certaine des richesses qu'il y a dans les Isles Philipines qui n'ont point esté connuës iusques à cette heure, & que ie declareray dans la suitte de ce discours. Enfin en les abandonnant outre le profit qui se peut tirer de ce commerce, Vostre Majesté abandonnera encore le poste le plus propre de tout l'Orient pour y planter la Religion Catholique, & pour extirper des Royaumes qui en sont voisins l'idolatrie dans laquelle ils sont. Ce poste entretient la guerre des Molucques, & les fournit tous les iours de munitions de viures & de soldats, ce que l'Inde de Portugal ne pourroit faire ; on ne peut aller qu'vne fois l'an de l'Inde de Portugal aux Molucques à cause des vents, mais l'on y peut aller presque en tout temps de Maniles ; ainsi il est bien plus aisé de tirer du secours de ce costé que de l'autre. La mesme raison empesche la communication d'auis entre les Portugais & les Moluques, au contraire l'on a tous les iours aux Maniles des nouuelles des Moluques ; le voyage n'est ordinairement que de quinze iours, & nos Isles ayant en abondance toutes sortes de viures, il est bien plus aisé de les secourir, que du côté de l'Inde de Portugal, qui en manque bien souuent pour sa propre subsistance.

Les vaisseaux & les places que Vostre Majesté tient dans ces Isles, obligent les ennemis à de grandes dépenses, & leur font achepter bien cherement les profits qu'ils tirent des Moluques.

Le commerce que ceux des Maniles ont auec les Chinois les empesche de traiter auec les Holandois, sans cela ils ne pourroient pas s'en empêcher, & mettroient entre leurs mains les marchandises qu'il faut necessairement qu'ils debitent hors de leur Pays.

Enfin il y va de la grandeur & de la reputation de Vostre Majesté de conseruer ces Isles, & auec elles la gloire qu'elle y a acquise de faire trembler tant de Nations auec vn si petit nombre de ses Sujets, dans le temps mesme qu'ils sont enfermez de tant d'ennemis, & qu'ils les ont mesme receu dans le cœur de leur ville & principale habitation.

Depuis que Vostre Majesté donna ordre à Dom Pedro de Acuna d'aller reprendre les Moluques, que les Portugais auoient perduës, tout l'argent que Vostre Majesté a enuoyé depuis ce temps-là a esté employé pour le mesme sujet : la despense que fit Dom Iuan de Silua a ruïné ces Isles, & a endebté Vostre Majesté. Elle doibt encore de ce temps-là plus de deux millions aux Indiens, sans ce qui fut emprunté aux habitans de Maniles, hors de semblables occasions ces Isles auroient dequoy s'entretenir d'elles-mesmes, sans couster dauantage à Vostre Majesté que ce qu'elle en tire, ce que l'on verra dans le compte suiuant qui a esté tiré fidelement des Registres de la Chambre Royale des comptes.

ESTAT DV REVENV DES PHILIPINES.

Il y a trente-six mil cinq cens seize tributs & demy, desquels il y en a vingt-huict mille quatre cens quatre-vingt	Les droits de la Douane que les Chinois payent sur le pied de six pour cent des marchandises, cy 80000

trois qui payent huict Reaux, le reste en paye dix, qui sont ceux de la prouince d'Ylocos.
cy   19807. patagons 2. Reaux.

Outre ces tributs il y en a cent trente mille compris dans les Commanderies, qui payent à Vostre Majesté 2. Reaux, sous le tiltre de Situado   32734
 Le dixiesme de l'or   2000
 Le dixiéme des bestes à corne   2500

Les licences que Dom Iuan de Silua establit sur les Chinois qui demeurent dans l'isle à raison de 8. patagons par teste. cy   80000

Les droits des marchandises que les habitans des Philipines chargent dans les vaisseaux du Mexique,   2500

Les droits de la Douane des marchandises qui viennent au Mexique appartenantes aux habitãs des Isles qui se payent à raison de trois pour cent   12000
autres menus droits   4000
____
en tout   255541. patagons.

Si bien qu'vne année portant l'autre Vostre Maiesté en tire à peu prés deux cens cinquante mille pieces de huict, sans faire entrer les frets des vaisseaux qui viennent de la Nouuelle Espagne aux Isles, ny les 12. pour cent que les marchandises payent à Acapulco, pource que cela fait partie du reuenu du Mexique : ce reuenu des Isles suffiroit pour entretenir 4. Gallions & 6. Galeres pour leur deffense.

 Vostre Maiesté a de grandes richesses dans ces Isles qui s'en pourroient tirer auec fort peu de despense. L'opinion que i'ay que V. M. a en ce Pays les plus grandes richesses de toutes les Indes, est fondée sur ces raisons : dés que les Espagnols s'y establirent, ils sceurent que dans les montagnes qui sont à 40. lieuës de la ville dans la prouince de Pangasinam, il y auoit plusieurs mines d'or, que cet endroit estoit habité par des Indiens de guerre qui n'ont point esté conquis, qu'ils ne permettoient point à ceux de la plaine d'y venir, mais leur portent beaucoup d'or en certain temps de l'année pour auoir de leur bestail.

Sur cet aduis Guido de Labaçares qui en estoit Gouuerneur enuoya quelques soldats à la montagne, ces soldats mal munis des choses necessaires & en trop petit nombre ne pûrent pas forcer la resistance qu'ils y trouuerent, les viures leur manquerent, ils retournerent la pluspart malades & estoufferent la connoissance de ces Mines pour oster au Gouuerneur la pensée d'y retourner vne seconde fois; ainsi la connoissance qu'on en auoit se perdit peu à peu parmy les Espagnols : les Religieux qui auoient la direction du spirituel de cette prouince en ont conserué quelque tradition, principalement ceux de l'Ordre de S. Dominique, mais faisant reflexion sur la tyrannie auec laquelle on traitte les Indiens qu'on employe à trauailler aux Mines dans les Indes Occidentales, ils ont fait ce qu'ils ont pû pour estouffer aussi cette connoissance : il y a quelques années que i'en eus quelque lumiere, & comme le temps descouure bien des secrets, traittant vn iour auec quelques Religieux de la difficulté que les Roys d'Espagne auroient à l'auenir à conseruer ces Isles, si elles ne produisoient assez de richesses pour les obliger à en prendre le soin par leur propre interest, ils me donnerent de grandes lumieres des richesses de ces Isles, & principalement celuy qui en est maintenant l'Archeuesque me dit qu'vn Religieux Dominiquain Curé d'vne Peuplade nommée Vina la Tonga, appellé Iacintho Palao, auoit eu certain morceau de Mine qu'vn Indien luy auoit apporté, que ce Dominiquain l'obligea à garder le secret, car il auoit, ce disoit-il, receu ce morceau de Mine fort riche à cette mesme condition, pour moy touché du desir de la conseruation de ce Pays, ie fis amitié auec ce Religieux, & ie luy demanday comme par curiosité ce que s'en estoit, il me dit que la chose estoit vraye, adioustant que personne n'en auoit plus de connoissance que luy, pource qu'il auoit fait amitié auec quelques-vns des Indiens, & d'auantage qu'il asseuroit qu'on pouuoit tirer la moitié de fin des Mines qui y estoient, & vn de ces Indiens entr'-autres à qui il auoit monstré vne piece de 58. sols, luy dit, mon Pere, nous auons beaucoup de ce Metail là haut, mais de tous les Metaux les Indiens n'estiment que l'or. Ie traitray auec Diego de Soria Euesque de Segoue, à cause que cette Prouince depend de son Euesché; & auec le P. Bernard du même Ordre, & ie fis tant par mes raisons, que ie le fis tomber dans mon sentiment, luy faisant considerer que si on trauailloit à ces Mines, la chose se passeroit autrement qu'au Perou, puis qu'en ces Pays-cy on y pourroit faire trauailler des Chinois qui seroient rauis de trouuer cette occasion d'estre employez à ce trauail. Apres auoir surmonté de la sorte les difficultez que i'auois trouuées du costé des Religieux, ils s'ouurirent à moy plus librement, & l'Euesque me dit qu'il auoit sceu par le moyen des autres Indiens qui traitent auec ces peuples, qu'il y auoit les plus grandes richesses du monde, & que d'vn morceau de terre colorée qu'ils luy auoient apporté, qui pouuoit remplir vn bassin à lauer les mains, il en auoit tiré par lauage sept Tayls d'or, c'est à dire 44. Castillianos, & m'asseuroit que toute la roche estoit aussi riche. Ie rendis compte à Dom Iuan de Silua de ce que i'auois fait auec ce Religieux, & il resolut d'y aller en personne, mais il mourut en ce temps-là; & quand mesmes ces richesses n'y seroient pas, V. M. ne laisse pas d'estre obligée d'y enuoyer, & de leur faire prescher l'Euangile, puis qu'elle s'est engagée de le faire, d'autant plus qu'ils sont dans la mesme Isle & fort proche de nostre ville. On en tireroit encore cét auantage que l'on pourroit traiter auec eux ce que l'on n'a pû faire iusqu'à cette heure, car ils ne permettent pas mesmes aux Indiens d'entrer dans leur Pays; la chose au reste est si aisée que les soldats qu'on tireroit des Maniles la pourroient executer auec vn millier d'Indiens pour porter leurs viures, & leur faciliter le passage, toutes les fois que V. M. me le commandera, ie feray vn detail de tous les moyens & de la conduite particuliere qu'il faudroit obseruer dans cête entreprise, auec protestation de n'auoir aucune autre fin que la gloire de D I E V, celle de V. M. & le bien de ces peuples.

La chose qui importe le plus est le choix des Gouuerneurs qu'on y enuoye: Il y a trente ans que ie suis dans les Philipines, & ie n'ay pas veu en tout ce temps-là vn Gouuerneur qui fut propre pour cette charge, si ce n'est Gomez Perez de las Marinas, qui y a plus fait pour le bon-heur de ces peuples en trois ans de temps qu'il y a esté, que tous ceux qui y ont esté auparauant luy, ou qui sont venus apres. Les autres, où n'auoient point eu de Gouuernement auparauant, où n'auoient les dons que Dieu donne à ceux qu'il destine pour bien gouuerner les peuples: Il est necessaire qu'il entende la guerre, mais il est necessaire aussi qu'il ne soit point trop persuadé de sa suffisance dans le mestier; Qu'il escoute le conseil de ceux qui ont la pratique du Pays, où les choses se gouuernent tout autrement qu'en Europe; Là où ceux qui ont voulu se gouuerner de la maniere que la guerre se fait en Flandres & en Europe, sont tombez dans des fautes irreparables; mais le principal est qu'ils ayent pour but le bien de ces peuples, qu'ils les traitent auec douceur, qu'ils soient fauorables aux estrangers, & qu'ils ayent grand soin de faire partir en temps & en bon ordre les Nauires qui vont en la nouuelle Espagne, exhortant tout le monde à traiter chez les Nations voisines de cét Estat, les animer à bastir des vaisseaux, & pour le dire en vn mot, viure auec les Indiens plûtost comme vn bon pere, que comme Gouuerneur du Pays. Ie puis asseurer V. M. que s'ils auoient vescu de la sorte, les Philipines seroient maintenant le plus heureux & le plus riche Pays du monde. Tous les desordres qui sont arriuez sont venus du deffaut de quelques-vnes de ces qualitez dans l'esprit des Gouuerneurs. Gomez Perez reüssit à cause qu'il auoit esté plusieurs fois Corregidor, & qu'il auoit appris dans cette charge l'art de gouuerner, & l'œconomie de la guerre; Il estoit auec cela fort religieux, & ce qui importe le plus, il s'interessoit fort à faire reüssir les choses qu'il entreprenoit; Il fortifia Manila, il y establit vne fonte d'artillerie, & y fit beaucoup d'autres ouurages sans qu'il en coutast beaucoup à V. M. Il passa aux Moluques auec la plus belle armée qu'on y ait veüe, & cela sans leuer sept millions d'escus, que V. M. a permis aux autres Gouuerneurs de faire leuer au Mexique pour de semblables entreprises. V. M. voit par là qu'il importe beaucoup de bien choisir vn Gouuerneur, & principalement celuy-cy, en-

Qualitez que doiuent auoir ceux qu'on enuoye pour gouuerner les Philipines.

tre les mains duquel elle a abandonné des peuples si esloignez : Les Indiens, Seignrs,
ne connoissent Vostre Majesté que par le Gouuerneur qu'elle leur donne; c'est de luy
& du bon exemple qu'il donne que depend la conuersion de ces Peuples, le desordre
& le scandale n'estant pas seulement vne consequence pour ce Pays, mais pour
la Chine & pour les autres Nations voisines. Ils croyent que vostre Majesté est
telle que ceux qui la representent, & ce qui me fait venir les larmes aux yeux est
d'auoir veu des gens qui faisoient la cause de tous les desordres qui arriuoient dans
le Pays ; Enfin ceux qui n'auront pas ces qualitez destruiront plustost le pays
qu'ils ne l'edifiront. Vn Gouuerneur qui aura ces qualitez doit considerer la guerre des Holandois comme sa principale affaire, ils n'ont rien tant en l'esprit
que de chasser les Espagnols hors de ces Isles : Ie croy qu'il y a trois moyens
de se deffendre de leurs desseins. Le premier est d'enuoyer vne armée semblable à

celle qu'on auoit mise sur pied pour aller aux Molueques sous la conduitte de A-
lonso Facardo, laquelle si elle ne se fust point dissipée, & qu'elle se fust jointe
auec celle qui estoit dans les Manilles, auroit obligé ceux du Pays à se ranger
soubs la domination de Vostre Majesté. Quand on enuoyera de semblables armées
de la nouuelle Espagne & du Perou, il faudra auparauant en donner aduis au Gouuerneur des Philippines, afin qu'il arme des Vaisseaux de son costé, & qu'il fasse
prouision des choses necessaires pour rafraichir ces Trouppes lors qu'elles arriue-
ront aux Maniles. Vostre Majesté à la verité, est obligee de faire cette mesme
dépense ailleurs; mais elle ne peut estre mieux employée qu'en ces quartiers, car si
jamais les Hollandois s'en rendent les Maistres, ils le seront de toutes les Indes.
Le second moyen non pas de les en chasser tout à fait, mais de les obliger à
faire de grandes despenses & de leur faire achepter bien cherement le profit qu'ils
y trouuent, seroit de commander au Gouuerneur des Philippines de faire bâ-
tir huict Galeres & de les tenir à Terrenate. La lettre de Don Ieronimo de Silua que ie mettray cy-après auec vne autre que le Mestre de Camp Lucas de Vergara
Gauiria m'écriuit, me font connoistre côbien il importeroit de se seruir de ce moyen.

Les consequences sont que les Holandois n'ont point de ports dans ces Isles, & que
leurs vaisseaux passent tousiours d'vne plage à l'autre : secondemét que tous les jours
de l'année il ne manque presque point d'y auoir sept ou huict heures de calme,
pendant lesquelles les Galeres peuuent couler à fonds vn Galion, & on a veu
des exemples dans le temps qu'il y a voit vne Galere & vne Galiotte. Troisiéme-
ment, qu'ils ne separeront point si loin à loin leur factoreries, où ne pouuant
aller de l'vne à l'autre qu'en corps de flote, cette despense absorbera le profit
de ce commerce.

La quatriéme, les Galeres leur osteroient les viures qu'il faut qu'ils aillent
querir bien loin pour rauitailler leurs forteresses qui sont dans ces pays qui en
manquent. La chose sera facile auec des Galeres, & les Holandois sans ce secours de viures, ne sçauroient pas demeurer vn an dans le Pays : car les Indiens qui leur en apportent, & de qui ils tirent tout le clou de girofle seroient obligez à se ranger de nostre party, à quoy ils seront tousiours fort disposez lors
qu'ils nous verront les plus forts, & qu'on les gouuernera auec addresse.

La cinquiéme, qu'il seroit facile auec des Galeres de faire vne descente dans les
factoreries qu'ils ont, & principalement à Bantam dans l'Isle de Iaua. On pourroit
brusler leurs magazins où ils mettent toutes leurs épiceries : il n'y a point de fonds
pour les grands vaisseaux, mais seulement vn Havre où il faut qu'ils échouent
sur la vase, ainsi ils ne s'en peuuent seruir quand ils veulent, & il seroit fort aisé aux
Galeres de les brusler lors qu'ils sont échouez : si Dom Iuan se fust seruy de ce
moyen, il auroit chassé les ennemis de ces Isles, & n'auroit pas, comme il a fait,
épuisé les finances de Vostre Majesté.

La sixiéme raison est, que l'on entretiendroit auec beaucoup moins de despence
ces Galeres que des vaisseaux : il faut enuoyer des viures de temps en temps des

Philippines

Philippines : la defpenfe de ce tranfport eft grande, les viures en font plus chers
aux Maniles, il faut tourmenter les Indiens, & les Hollandois en prennent touf-
iours par le chemin quelque partie ; tous ces inconueniens cefferont en y entrete-
nant des Galeres : Il y a vne Ifle nommée Macaffar à deux iournées des Molucques,
le Roy de cette Ifle a enuoyé demander des Religieux au Gouuerneur de Terrenate, & offrit en mefme temps au Gouuerneur des Philipines des viures pour les
Molucques ; adiouftant que s'il n'auoit pas d'argent pour les payer, il les fourniroit à
credit. Les viures feront à bien meilleur marché de ce cofté là qu'aux Philipines, les
Galeres les pourroient conduire fans aucun rifque de l'ennemy, & pourquoy ne
cultiue-t-on pas la bonne difpofition de ce Prince enuers les Efpagnols ; peut-eftre
mefme qu'on l'obligeroit à fermer fes Ports aux Hollandois, auec lefquels il y a defia
quelque commencement de rupture.

Il faut encore remarquer qu'ils n'ont point de Ports dans la plufpart des lieux où
ils ont des fortereffes, & que le plus fouuent leurs vaiffeaux ne peuuent point eftre
deffendus de leur artillerie ; ainfi il faut qu'ils demeurent long-temps en ces rades
pour charger le clou de girofle, & dans vn temps de calme les galeres auroient
de grands auantages fur eux ; outre que n'y ayant point dans le pays de bois propre
pour leurs vaiffeaux, on les embarrafferoit fort fi on leur abbattoit vn Maft ou quelque autre manœuure. Dans la plufpart de ces Forts qui ont 25. ou 30. hommes, auec
vn Chef qui les commande, ils n'y ont point d'eau douce, il la faut aller chercher ailleurs ; les galeres leur ofteroient cette commodité : elles ont cet auantage fur les galions qu'elles fe mettent à couuert où elles veulent ; on leur feroit ainfi vne guerre fort
gallante, & on leur couperoit le col auec vn coufteau de bois. Cette penfée m'eft
commune auec tous ceux qui ont quelque connoiffance des Molucques ; il y a prefen-
tement dans cette Cour vne perfonne à laquelle les Hollandois ont dit que c'eftoit la
chofe qu'ils apprehendoient plus en ce pays-là. Il me refte à reprefenter à Voftre Majefté le peu de defpenfe qu'il y auroit à entretenir ces galeres ; Vne galere de 24. bancs
prefte à faire voile ne coustera aux Philipines que 4000. ducats, la chiourme fe leue-
ra de la forte ; le Gouuerneur n'a qu'a enuoyer à l'Ifle de Mindanao trois cens foldats, lefquels non feulement tireroient de captiuité dix mille Chreftiens fubjets à
Voftre Majefté qui y font, mais feroient plus de forçats qu'il n'en faut pour armer ces Galeres, & fi cela ne fuffifoit pas, on pourroit enuoyer à Malaca pour le
compte de Voftre Majefté vne autre fregatte chargée de clouds de girofle, & on
en rapporteroit des Negres qui font fort propres pour la rame, & qui ne couftent
dans le Pays qu'enuiron deux cens Reaux. La Chiourme fe nourriroit de Rys à peu
de dépence, de poiffon & de certaines cezinas qu'on trouueroit mefmes fouuent dans
les vaiffeaux fur l'ennemy, ou qu'on pourroit acheter à bon marché dans l'Ifle de
Macaffar.

Pour troifiefme & dernier moyen de les faire fubfifter, ie ne me hazarde point à
l'efcrire, & il n'eft pas à propos que ie le faffe, i'en rendray compte à Voftre Majefté
quand elle me le commandera : ie ne m'eftendray pas dauantage icy, me referuant à
le faire toutes les fois que Voftre Majefté voudra faire mettre à execution quelqu'v-
nes des chofes que i'ay propofées.

Enfin il eft fi vray que tout defpend de la perfonne du Gouuerneur, que non
feulement les fubjets de Voftre Majefté en defpendent, mais auffi la paix, la guerre, l'audience Royalle, l'Archeuefque, les Euefques, les foldats & les Bourgeois ;
pour ce que c'eft luy qui a entre les mains dequoy les recompenfer & les honorer de
Charges, de paix & de guerre ; ceux de l'Audience Royalle ont intereft de l'auoir
pour amy, afin qu'ils donnent des Charges à leurs parents & à leurs creatures. Il
peut diminuer aux Euefques & à l'Archeuefque le reuenu de leur Temporel, il a
mille moyens de le faire, & ils fçauent qu'il leur en a coûté bien cher toutes les fois
qu'ils fe font brouillez auec luy. Pour le Cabildo ou Doyen de Maniles il le choifit,
car cette place dépend de Voftre Majefté ; ainfi ils n'ofent pas le choquer, ils font

ordinairement leurs creatures, & sçauent par ce moyen tout ce qui se traitte dans le
Chapitre: Personne n'ose escrire à Vostre Majesté sans leur faire voir les lettres auparauant, & il y a eû des Gouuerneurs qui les faisoient ouurir & en enuoyoient
d'autres en la place: Les Religieux dépendent d'eux par ces mesmes raisons, les
Officiers de Vostre Majesté ne font que ce que veut le Gouuerneur; on en a veu
demeurer en prison trois années pour ne l'auoir pas fait, ils y sont demeurez iusqu'à ce
que Vostre Majesté les a fait r'entrer dans leurs Charges, & peut-estre que les tour-
mens qu'ils y ont soufferts sont cause de la mort de deux de ces Officiers, & de la
perte du Facteur, le meilleur Ministre que vostre Majesté ait iamais eû dans les Philipines. Les plaintes sont si long-temps à arriuer à Vostre Majesté, que lors que
l'on y enuoye le remede, on trouue que celuy qui l'attendoit est desia mort. Il
importe que le Gouuerneur ne soit point interessé, & qu'en partant Vostre Majesté luy donne de telles esperances qu'il trauaille plustost pour les meriter que pour
tirer du profit de son Gouuernement: Qu'il soit d'vn âge meur, qu'il ait esté employé dans les Gouuernemens comme le sont les Corregidores qui se trouuent sur les
costes d'Espagne, & ont acquis dans les occasions de ces emplois l'experience de la
paix & de la guerre; car ceux qui sont venus auec la seule connoissance de la guerre
ont plûtost ruiné le pays, qu'ils ne se sont rendus capables de le gouuerner, comme
nous l'auons esprouué pour nos pechez les années passées: Sur tout qu'ils ne soient
point obligez de leurs charges à d'autres qu'à Vostre Majesté, car ces dependances
sont capables de leur faire faire mille fautes. V. M. à beau leur deffendre par ses cedules qu'ils ne donnent point les Charges du pays à leurs domestiques, mais à
ceux du pays qui les auront meritées: C'est ce qu'ils obseruent le moins, & il n'y a
personne qui ose leur representer ces cedules ou ordres, & quand mesmes il s'en
trouueroit d'assez hardis pour les leur signifier, & par maniere de dire d'attacher
la sonnette au col du chat, qui est-ce qui pourroit les obliger à les executer; ce
ne sera point l'Audiance Royale: il m'arriua de vouloir demander vne fois qu'on
executast vne cedule Royale de V. M. vn de ses auditeurs me dit ne le faites pas,
car outre que vostre demande ne vous reüssira point, vous vous mettrez mal auec
luy; c'est par cette raison qu'il leur faut defendre de mener auec eux des personnes ausquelles ils soient obligez: car elles y viennent auec vne auarice & vne pre-
somption insatiable, & toutes les Indes ne sont pas assez grandes pour les satis-
faire. Ce qu'il y a de plus mal est qu'elles corrompent les bonnes intentions du
Gouuerneur par leurs conseils, & ie n'aurois iamais fait si i'auois à dire tous les
inconueniens que le pays a à craindre de cette sorte de gens. Ils partent du Pays
tout chargés de sa dépoüille & de ses richesses, se rient des miserables qu'ils y laissent, attaquent mesme leur honneur auec beaucoup d'insolence, & le gouuerneur croid qu'il n'y a que ces gens qui ayent du merite, les autres passent auprés de
luy pour incapables; il y en eut vn qui eut bien la hardiesse d'escrire à V. M.
qu'il n'y auoit personne en tout ce Royaume à laquelle elle se peût fier, toutes ces
choses se font impunément, car personne n'oseroit se plaindre; enfin, V. M. deuroit enuoyer des Gouuerneurs comme l'Empereur Theodose enuoya saint Am-
broise au Gouuernement de Milan: Allez, dit-il, & songez que ie vous enuoye
pour agir, non pas comme vn Gouuerneur, mais comme vn Euesque. Tel doit
estre le Gouuerneur des Philipines, si V. M. veut qu'il y fasse son seruice. Au reste ce que ie dis icy n'est point contre Don Alonso Faxardo à qui V. M. a donné
le Gouuernement de ces Isles, ie croy mesme qu'il s'en acquittera comme il doit
pour le bien du seruice de V. M. & celuy de ses peuples: Car ie le trouuay en de
fort bonnes dispositions lors que ie le vis au Mexique, ie remerciay Dieu de le
voir si bien disposé à son seruice & au vostre, & le priay de luy donner la grace
de faire en sorte qu'il y reüssit.

Pour ce qui est des Officiers qui composent l'Audiance Royalle il faut qu'ils ayent
à proportion les mesmes qualitez que nous auons dit estre requises en la personne

du Gouuerneur ; ce n'est pas que ie croye qu'il seroit mieux d'oster tout à fait cette Audiance pour les raisons qu'en apportent ceux du Pays dont ie donneray vn Memorial à part à Vostre Majesté : Enfin les choses de cét estat sont tellement en desordre, qu'auparauant toute chose il seroit bon d'y enuoyer vn Visitador pour le reformer , pour entendre les plaintes des peuples & remedier aux vexations qu'ils souffrent : mais afin qu'il ne leur arriue pas comme aux grenoüilles qui ayant demandé vn Roy à Iupiter ils en receurent vn qui les deuora toutes, il seroit necessaire que V. M. le choisit dans le Pays, qu'il eut assez d'experiance & de connoissance pour n'estre pas trompé, & assez de conduite pour remedier à ces desordres auec la prudence & la douceur que requiert vn nouuel establissement, autrement si on y en enuoye vn de la Cour d'Espagne, comme il ne seroit pas informé des choses ny de leur remede, l'inconuenient seroit moindre de n'en enuoyer point d'autre , à cause du danger que courreroit ce Pays d'estre entierement destruit par vn nouueau venu.

Que le Gouuerneur ne souffre point qu'il y aye de Iaponnois dans le Pays, car il importe beaucoup d'y aporter ce reglement ; que l'on n'y souffre point dauantage de Chinois que V. M. a permis d'y en souffrir : on n'y prend point garde, cependant nous auons l'experience de ce que cette negligence nous a cousté & nous peut couster à l'auenir.

Que Vostre Majesté commande au Gouuerneur de subiuguer l'Isle de Mindanao, ce qui sera facile, comme i'ay desia dit, & entierement necessaire pour les raisons estenduës dans vn memorial à part que ie presenteray à V. M.

Qu'il fasse amitié auec le Roy de l'Isle de Maccasar , elle a 250. lieuës de circuit, elle est fort riche, il n'y a que 20. lieuës de là aux Molucques , elles en peuuent tirer des viures : Le Roy est desia bien disposé à nostre égard : Ses peuples sont capables d'estre instruits & de receuoir l'Euangile , & comme cette Isle est plus proche du departement des Iesuites , il importeroit beaucoup d'y faire passer ces Religieux : deux Peres qui y ont desia esté escriuent qu'on les y a fort bien receus.

Que V. M. commande que les garnisons des Maniles soient ouuertes ; nous auons l'experience que cette liberté y fait passer plus de gens. Il faudroit changer de trois ans en trois ans la garnison des Philippines auec celle des Molucques, & ils n'auroient point tant de repugnance comme ils ont à cette heure d'aller aux Molucques ; maintenant quand on les y enuoye, ils se plaignent comme si on les enuoyoit aux galeres, les changeant de la sorte les soldats y iront volontiers , & deuiendront hommes aguerris. Ceux qui ont seruy dans les Molucques sont meilleurs soldats que les autres, à cause des frequentess occasions qu'ils ont de venir aux mains auec les ennemis.

Que V. M. commande que la garnison de Manila soit ouuerte comme l'est celle de S. Iean de Vlloa, & de la Hauana. Dom Iuan de Silua en faisant tout le contraire ces dernieres années a esté cause que ces Isles se sont depeuplées ; les soldats s'enfuyans qui d'vn costé qui d'autre, & personne ne se hazardant d'y passer par cette raison. Pour ce qui est du traitement qu'on doit faire aux Indiens, & ce qui regarde la conscience de V. M. & le bien du Royaume, ie le mettray dans vn memoire à part. On a veu par experience que les Religieux ont fait vn grand tort en deffendant à ces Indiens qu'ils ne payassent point leurs taxes des fruicts qu'ils recueillent, ils ne sont pas capables de regler les choses de cette nature : & pour finir par ce qui est le plus necessaire , V. M. doit considerer que cét establissement est nouueau, & comme dans ces commencemens il a eu besoin de sa faueur & de sa protection, il en a encore bien plus de besoin, maintenant que les disgraces qui sont arriuées à vos suiets & à vos soldats , les forces des ennemis de la Couronne, & les mauuais traittemens qu'on leur fait tous les iours, les obligent à quitter le Pays ; le moyen de les y attirer ou retenir seroit que les Ministres de V. M. leur donnassent le passage ; du temps de vostre pere non seulement on leur faisoit cette grace, mais on les equipoit mesme des choses necessaires pour cette nauigation, & on les déchargeoit des droits & des impositions que payent les autres, il seroit bien plus necessaire maintenant par les raisons que ie viens de dire d'en vser de la sorte, & de les traiter auec moins de rigueur. Ie suis témoin oculaire que lors que nous arriuâmes au Port d'Acapulco, apres vne Nauigation de cinq mois, au lieu d'y trouuer les rafraichissemens que nous y esperions, ils nous receurent plus mal que les Hollandois, puis qu'ils donnerent des rafraichissemens à ces ennemis de vostre couronne, & les renuoyerent contens: pour nous ils nous traitterent comme ennemis. Ie mettray dans vn memoire particulier quelques considerations qui regardent le seruice de V. M. sur le sujet de ce qui se passe dans ce Port.

Les Commandes que V. M. a dans les Philippines s'estendoient autrefois iusqu'à la troisiéme generation, V. M. a ordonné depuis peu par vne Cedule Royale qu'elles ne passassent qu'à la seconde, ce qui est fort preiudiciable à la conseruation de cét Estat, d'autant plus que V. M. les donne dans la Nouuelle Espagne pour iusqu'à la quatriéme generation. Les Philippines au contraire qui y ont passé iusqu'à cette heure pour vne Colonie Royale, & qui sont gouuernées par vne Iustice Royale, n'en iouïssent que pour deux generations, cela fait qu'il s'en treuue fort peu qui ayent le courage d'y aller seruir V. M. & ceux qui y sont ont de la peine à y demeurer, considerant que leurs petits fils doiuent tomber dans vne extrême pauureté, ces Commandes deuant finir en la personne de leurs fils, ou des enfans de leurs filles : D'ailleurs il est vray que deux vies ou deux races durent plus en la nouuelle Espagne, que quatre dans les Philippines, & cela à cause des frequentes occasions de guerres, & des Nauigations qu'ils sont obligez de faire, dans lesquelles ils perdent la vie, en laissant leurs heritiers à l'hospital comme nous en voyons maintenant beaucoup : pour respondre à l'objection que me pourroient faire, ceux qui croyent que les Commandes vaquent bien-tost à cause que l'on a ainsi plus de moyens de recompenser ceux qui vont seruir dans ces Isles auec cette esperance, ie dis qu'il falloit prendre ce temperammenr, de ne les point donner pour quatre vies comme en la nouuelle Espagne, ny pour deux comme on le pratique maintenant, mais pour trois vies comme on auoit accoûtumé de faire, ainsi on remedieroit au defaut de celles de la Nouuelle Espagne qui dure trop, & on encourageroit par cette esperance les gens de seruice à y aller seruir V. M.

La lettre du Mestre de Camp Lucas de Vergara, dont il est parlé dans la Relation precedente.

Carta del Maesse de Campo de Lucas de Vergara, escrita à Dom Francisco Gomarz de Arellano Dean de Manila, que es la misma, que vino del Maluco, el año passado.

IE vous donnay auis par le vaisseau de saint Anthoine que ie fis partir le 30. du mois de May passé, que i'y estois arriué auec mes trois vaisseaux de secours : Ie vous rendis compte de la bonne reception que l'on m'y fit, mais ie dois adiouster icy que i'ay sceu des Holandois mesmes que de leurs vaisseaux qui auoient esté à Maribéles, il n'en estoit retourné que quatre, le premier celuy qui y rapporta ceux qui furent blessez à Auton, vn autre lequel s'estoit separé du corps de l'armée lors que nos Espagnols vinrent attaquer l'ennemy à l'Isle détachée, qui dans ce temps-là pour donner la chasse à quelques vaisseaux de Sangleyes, au lieu de reioindre son escadre, il détacha vn Ionck fort riche qu'il remorquoit, & s'enfuit deuers ces Isles.

On m'a dit que l'on auoit fait mourir le Capitaine de ce vaisseau, deux autres qui s'estoient trouuez au combat arriuerent sous la forteresse de Malaio le 8. de Iun percez de coups & chargez de blessez : Ils disent qu'il n'y auoit que six vaisseaux & trois galeres lors qu'ils s'estoient battus auec les nostres, & que de 600. hommes qu'ils auoient tirez des garnisons qu'ils ont dans ces Isles, il n'en estre retourné que cent en vie : Ils trauaillent pour remettre en estat ces deux Nauires, ils n'en ont presentement que cinq dans ces Isles, & encore si foibles de monde, que si nostre armée eut suiuy sa pointe, il n'en seroit eschappé pas vn : Les Holandois & ceux de Terrenate sont réuenus fort tristes de cette entreprise, dont ils esperoient beaucoup de butin & de gloire, ils ont des estoffes de soye qu'ils nous vendent bien cher, mais elles leur doiuent couster encore plus cher qu'ils ne nous les vendent. Ils consolent ceux de Terrenate & les autres Indiens leurs amis, en leur faisant entendre qu'ils vont mettre en Mer vne grande armée qu'ils ont dans l'Isle d'Ambayno & de Sunda, & qu'auec ces forces ils viendront attaquer les Philippines auparauant que le secours qu'elles attendent d'Espagne leur soit arriué ; cependant ils mettent au meilleur estat qu'ils peuuent leurs places, connoissant que ces Insulaires perdent tous les iours l'affection qu'ils auoient pour leur party, & aprehendant que lors que nous serons les plus forts dans ces Mers, ils ne quittent leur party pour prendre le nostre. Le Roy de Tidore en a la mesme opinion que i'en ay, & elle est fondée sur ce que nous en auons appris d'eux-mesmes, & particulierement de ceux de l'Isle de Machian, laquelle est plus riche en clouds de girofle, & plus habitée que toutes les autres. Ils prirent leurs Sangaie qui en auoit desia commencé le Traitté, & le firent mourir dans la forteresse de Malayo, ce qui a irrité contre eux dauantage les habitans de cette Isle. I'ay sçeu par le moyen d'vne Caracoa qu'on auoit enuoyé à Ambayno pour prendre langue de l'ennemy, que les Holandois auoient sept nauires dans cette Isle, qu'ils en enuoyoient vne chargée de cloud de girofle en Europe, & que ceux du Pays estoient en guerre auec eux, comme aussi les habitans de l'Isle Banda où il y a deux ou trois vaisseaux Anglois qui s'y fortifient, auec l'assistance des Habitans : que les Anglois & les Hollandois en sont venus aux mains, & que les premiers ont fait quarante prisonniers : ce qui est fort à nostre auantage, ils font courir le bruit qu'il y a 20. vaisseaux Hollandois à Sunda, ie ne sçay si cette nouuelle est vraye, cependant ie me prepare à les receuoit, & ie fortifie du mieux que ie puis les places que le Roy a dans ces Isles ; mais il nous manque des soldats ; il en est passé dauantage aux Philippines qu'il n'en est venu de-là : I'ay beaucoup de malades, & beaucoup de places à garder, & trois entre autres dans l'Isle de Batachina, à cause que l'air y est mal sain, dont la garnison consomme beaucoup de monde ; ces garnisons sont assez bien munies de viures, par les soins que i'ay pris de faire amasser ceux que i'ay treuué dans le Pays ; ainsi auec le ris que i'ay amassé, & ceux que i'ay dans les magazins, ie fais mon cópte qu'ils me dureront iusques au mois d'Octobre, & si on m'enuoye les autres viures que i'attens de l'Isle de Matheo, i'en auray pour tout le mois de Nouembre, esperant que dans ce temps-là on m'enuoyera du secours des Isles, & que le Capitaine general qui connoist les besoins de ce Pays, ne perdra point de temps à faire partir le secours, car c'est son affaire aussi bien que la mienne : Vous m'obligerez extremement de l'y exciter en ce que vous pourrez faire, il y va du seruice de Dieu & de celuy de Sa Maiesté, pour lequel vous auez tousiours eu tant de passion ; ie vous prie de me donner aduis de ce qui se passe en vos quartiers, ie vous promets de faire la mesme chose de mon costé : I'enuoyay à vostre Seigneurie auec le dernier vaisseau trois oiseaux de Paradis : Le Sergent Romera qui est chargé de cette lettre vous en porte deux autres ; ie souhaitterois qu'ils fussent mieux conditionnez qu'ils ne sont, il ne s'en est point treuué de meilleurs, à cause que les vaisseaux qui les apportent ne sont point encore arriuez cette année. Il vient d'arriuer vne troupe de Hollandois qui côfirme les derniers auis que ie vous ay enuoyez ; il importe beaucoup que nos marchandises soient icy pour tout le mois de Decembre ; & quand il n'y auroit point d'autre armée que celle des Philippines, elle sera toûjours plus forte que celle de l'ennemy, & en estat de leur empêcher le trafic du clou de girofle, qui est le plus grand mal qu'on leur puisse faire. C'est le sentiment de ceux qui sont les mieux intentionnez pour le seruice de Sa Maiesté, i'escris à ses Ministres, & ie vous prie de me rendre aupres d'eux les mesmes offices que vous m'auez toûjours rendus en semblables rencontres.

Marginal note: Dans l'Original espagnol ils sont nommez Paxaros celestes.

MEMOIRE
Pour le Commerce des Isles Philipines.
PAR
Don Iuan Grau y Montfalcon, Procureur General des Isles Philipines.

Dedié à Don Iuan de Palafox y Merideza, Euesque de la Puebla de los Angeles.

IAY dressé vn memoire au nom de la ville de Manila capitale des Philippines, dans lequel i'ay mis tout ce qui regarde l'interest de ces Isles & leur conseruation; Vostre Seigneurie Illustrissime se treuua dans l'assemblée dans laquelle ce memoire fut dressé auec 85. chefs de demandes que ces Isles faisoient au Roy, quoy que ie sçache d'ailleurs que vous estes bien informé des besoins de ces Pays, ie n'ay pas laissé de vous en rafraichir icy la memoire, en les réduisant sous quatre poincts principaux, ces poincts estans les mesmes sur lesquels le Roy vous a donné ordre de vous infor-mer.

Le 1. en quelle forme & en quelle quantité se doit faire desormais le commerce de ces Isles.

Le 2. s'il sera a propos qu'on continuë ou qu'on leur augmente la permission dont ils ont ioüy iusques à cette heure de faire traite des marchandises de ces Pays, & pour retour d'y transporter de l'argent.

Le 3. si cette permission de porter des marchandises dans la nouuelle Espagne, se doit seulement entendre des marchandises qui viennent de ces Isles, ou estre restrainte aux seules marchandises de la Chine.

En 4. lieu, si on doit permettre de nouueau le Commerce du Perou auec la nouuelle Espagne, à cause du dommage qu'ont souffert les Isles Philipines dans le temps qu'il a esté suspendu.

Le premier poinct comprend tous les autres: la conseruation de ces Isles dépend absolument du commerce: la raison en est fort estenduë dans le memorial, mais tout le discours se peut reduire à ces trois propositions. La premiere que les Isles Philipines sont absolument necessairespour augmenter la propagation de la Foy pour conseruer la reputation & la grandeur de cette Couronne pour deffendre les Molucques, & leur commerce, pour maintenir les Indes Occidentales, pour faire vne diuersion des desseins que nos ennemis y peuuent auoir; & enfin pour conseruer le commerce de la Chine.

Les Philipines ne se peuuent conseruer que par le commerce qu'elles ont auec la nouuelle Espagne, & c'est de là qu'elles peuuent attendre tout leur secours. La principale raison qu'eurent les Roys Catholiques d'entreprendre la découuerte des Indes fut celle de la predication de l'Euangile, les richesses qu'on y a trouuées depuis n'ont esté qu'accessoires à ce premier dessein: ils creurent selon l'Euangile qu'il falloit premierement chercher le Royaume de Dieu, & que toutes les autres choses que les hommes estiment leur arriueroient en suitte. En effect quand on fut aux Philipines on ne sçauoit point qu'elles fussent riches, & elles ne le sont pas d'elles-mesmes. On ne considera autre chose sinon qu'elles pouuoient seruir de passage pour porter l'Euangile dans la Chine & dans les autres Royaumes des Indes, toutes ces Isles sont maintenant Catholiques, il y a vn Archeuesché, trois Euesthez, plusieurs Conuents, Monasteres & Hospitaux, & c'est vne grande gloire à la Couronne de Castille d'auoir estably la Religion Chrestienne dans des Pays si esloignez, & au milieu des Mahometans, des Gentils & des heretiques. Il semble que ç'a esté par vne proui-

dence particuliere de Dieu qu'elles ont esté trouuées si necessaires à la conseruation
des Moluccques, afin que cette consideration & cét interest humain obligeast ceux de
nostre Nation à faire les despences necessaires pour y conseruer la Religion, &
que si la pieté se trouuoit trop foible pour les y obliger, ce qui ne se doit pas croire
de nos Roys de Castille qui sont trop Religieux, la consideration de l'interest y
suppléast. Il y a plus de 70. ans que les Roys de Castille font la guerre aux Pays bas
auec des despences extrémes, pour ce seul point seulement de n'y vouloir pas permettre la liberté de conscience. Iamais Monarque n'a entretenu de guerre si rui-
neuse que celle-là : Qui poutra dire que la mesme raison ne les oblige pas à faire
quelque despense pour conseruer la Religion dans ces Isles, & empescher que les
Heretiques, les Iuifs, les Mahometans & les Gentils de differentes sectes n'y mettent le pied, comme ils ont fait à Bantam, que l'on peut dire la Geneue de l'Orient.
Pour le 2. poinct il est incroyable de quelle reputation ces Isles sont à la Couronne ^{Second}
d'Espagne, combien de Roys leur rendent hommage à cause de ces Isles; celuy de ^{poinct.}
Terrenate mourut dernierement dans les Isles des Maniles, celuy de Siao & de Tidor
se reconnoissent ses sujets; celuy de Camboya son allié; l'Empereur de la Chine son
amy & celuy du Iapon l'a tousiours esté, iusqu'à ce que les Hollandois ayent mis le
pied dans le Pays; le Gouuerneur des Isles traitte auec tous ces Roys, a pouuoir de
leur declarer la guerre, & conclure la paix auec eux, sans attendre les ordres d'Espagne qui en est trop esloignée, auec vne authorité plus grande que celle de
tous les autres Vice-Roys de l'Europe: la Domination de l'Espagne s'estend icy sur vn
Pays qui a plus de 1400. lieuës de circuit, & qui comprend les Archipeles de saint
Lazare & des Moluques, celuy des Moluques contient cinq Isles principales
qui ont chacune leur Roy auec 70. autres plus petites : Les Isles qu'on appelle
les Philipines sont au nombre de 40. entre lesquelles il y en a qui sont plus grandes que toute l'Espagne, sans compter les petites & les desertes desquelles il seroit difficile de rapporter le nombre; mais la principale de toute est celle de Luçon
dont Manila est la ville capitale, laquelle estant, comme ils veulent dire, antypode de
la ville de Seuille, semble la vouloir imiter dans la grandeur de son commerce, dans
la beauté de ses edifices, & dans les secours qu'en tirent les Indes : tout ce qui est
depuis le Cap de Sincapura iusqu'au Iappon despend de cette Isle, ses vaisseaux
courent les Mers, vont à la Chine, à la Nouuelle Espagne, & font vn commerce si
riche, que si il estoit plus libre on pourroit dire qu'il seroit le plus important de tout
le monde; il n'y a pas tant à s'estonner que l'Espagne puisse conseruer ce qu'elle a en
Italie, en Allemagne & au Pays bas, le cœur de cette Monarchie en estant proche
& pouuant secourir & seruir cét Estat; mais il n'y a rien de plus grand que de voir que
3336. Espagnols, car il n'y en a pas dauantage dans ces Isles en comptant les habitans,
les soldats, & les Maduccens en conseruent la possession contre les attaques des Hollandois, des Iaponnois, des Iaos, & d'autres Nations, & qu'en mesme temps ils s'asseurent des insultes que leur pourroient faire les Chinois ou Sangleyes, qui sont au
nombre de 30000. dans l'Isle des Maniles, qu'ils ayent aussi à se garder de 8000. habitans de ces Isles : que de ce petit nombre d'Espagnols on ait peû former trois armées, vne pour la deffense des Maniles, l'autre pour secourir Terrenate, & la troisiéme pour la Garnison de l'Isle Hermosa, ces troupes estant continuellement aux
mains auec ces ennemis qui les enuironnent.
     Pour l'importance des Moluques tout le monde la connoist il y a long-temps; ce
fut pour les chercher que Charles V. enuoya Magellanes; ces Isles ont esté le sujet d'vne longue guerre entre les Port. & les Cast. elle se termina par vn engagement
qu'on en fit à la Couronne de Portugal ; car il parut dés lors que la Castille auroit
bien de la peine à conseruer des Pays si esloignez; mais les Hollandois ayant depuis
pris pied à Bantam, l'experience fit connoistre qu'il estoit encore plus aisé aux Espagnols de les defendre qu'aux Port. Quoy qu'ils eussent les Indes Or. Don Diego de Acuña Gouuerneur des Philipines eut ordre d'en chasser les Holandois, &

depuis d'vn commun concert entre les deux Nations , on ioignit le Gouuernement de ces Isles à celuy des Philipines , laissant neantmoins aux Portugais tout
le cloud de girofle à cause que le commerce que les Portugais font dans les Indes
Orientales , ne se pouuoit conseruer autrement ; cette suite d'euenemens fait voir
que la conseruation des Moluques & de l'Inde Orientale depend des Philipines , les
Espagnols auec les secours qu'ils en ont tirez les ont conseruées les armes à la main
depuis l'année 1603. iusques à cette heure ; ce n'est pas qu'estant en petit nombre
comme ils sont , ayant de grands Pays à deffendre , & le secours qu'on leur donne
estant fort limité , ils n'ayent esté obligez de laisser quelque part aux Holandois du
commerce du cloud de girofle , mais il leur couste bien cher.

On tire de ces Isles tous les ans 2816. liures de cloud de girofle, les Holandois en ont
pour leur part 1098. les Portugais & les Espagnols 1718. dont ils ont obligation aux
Philipines ; Enfin si le commerce tomboit entre leurs mains , les Espagnols perdroient celuy des Indes Orientales ; & les Holandois employeroient les forces qu'ils
font obligez de tenir en ce Pays , contre les autres Estats de la Couronne de Castille. On les a veu entrer quelquesfois dans ces Mers de l'Orient auec tant de
forces , que s'estant joints aux Princes du Pays , aux Mahometans , aux Gentils , aux
Roys de Perse , & au Mogol , ils ont esté sur le poinct d'en chasser les Espagnols , &
l'auroient fait sans la diuersion du costé des Philipines ; Toute cette estenduë de Pays
qui est depuis le Cap de Bonne-Esperance iusqu'aux Maniles se diuise en deux parties : les armées Portugaises deffendent la partie qui est entre ce Cap & le destroit de
Sincapoura qu'ils ne passent guieres , l'autre partie depuis Sincapoura iusqu'au Iapon est deffenduë par les armées des Philipines , ce qui oblige aussi les Holandois
à diuiser leurs vaisseaux en deux parties , & sans la diuersion des Philipines , toutes
leurs forces tomberoient sur l'Inde que tiennent les Portugais , auec vn danger euident d'en estre accablez.

En effet le Holandois entretient bien plus de monde , & fait vne plus grande dépense du costé des Philipines que de celuy des Portugais , il a peu de garnisons pour
leur opposer , & se contente de Factoreries ; mais passé le Cap de Sincapoura , il entretient les garnisons de Malay , Toloco , Tacubo , Malaca , Tacome , Marieco ,
Morir , Nosagia , Tafazen , Tabelole , Berneuelt , Tabori , Gilolo , Amboino , La-
gu , Marmo , Maçoma , Belgio Bantan , & l'Isla Hermosa.

Dans ces 19. places il auoit l'an 1603. 3000. soldats & 30. grands vaisseaux de guerre , & tout cela pour se deffendre des Espagnols des Philipines. Cette dépense & la
diuersion de ces troupes qu'il est obligé d'entretenir au delà du Cap de Sincapoura
ont esté cause qu'il attaqua plus foiblement les autres endroits des Indes , autremẽt
leurs Gallions passeroient dans ces Mers pour nous y faire la guerre , & puis qu'elles le
font quelquesfois , nonobstant toutes ces difficultez , ayant à faire de si grandes dépenses dans les Isles , que seroit-ce si ils auoient commerce libre , s'ils en estoient
tous seuls les maistres ; car déchargez de cette dépense , ils pourroient attaquer
plus viuement les Occidentales. L'on fait tous les ans la dépense de six cens mille escus pour l'armée nauale qu'on leur oppose de ce costé là ; si leurs forces estoient ac-
creuës au point que nous le venons de dire, il faudroit augmenter la despence de l'armée de Barlouento d'vne somme plus grande que ne coustent les Philipines au
Roy.

Il faut en sixiéme lieu considerer l'honneur des armes d'Espagne , que les vi-
ctoires qu'elles ont remportées en ces Quartiers ont esleué à vn haut point de gloire , & le secours que les Couronnes de Castille & de Portugal , qui sont si vnies
dans l'Orient , se donnent l'vne à l'autre. On croid que si Don Iuan de Silua eut
vescu plus long-temps , il auroit chassé les Holandois du Pays auec les forces vnies
de ces deux Couronnes: La derniere raison est celle de conseruer le cõmerce de la Chine , il n'y a point de commerce dans le Monde qui approche celuy là ; le commerce
de l'Orient dont les Romains ont fait autrefois tant de bruit estoit proprement
celuy

Celuy de la Chine qu'ils ne connoiſſoient pas, il eſt tout entier entre les mains des
Portugais de Macao & des Eſpagnols des Maniſhes. Les Portugais de Macao
ont permiſſion d'entrer dans la Prouince de Canton, & les autres de cette Nation ſe hazardent volontiers aux riſques de paſſer le deſtroit de Sincapura. Macao
ne ſe pourroit pas conſeruer ſans le ſecours qu'il tire des Philippines, & elles em-
peſchent auſſi aux Hollandois le commerce de la Chine: il eſt vray que les Chinois
ne veulent point traicter auec eux, mais cette auerſion vient de quelques priſes
qu'ils ont faites ſur les Sangleyez, & il ne leur ſeroit pas difficile de ſe remettre
bien auec eux : on a veu meſme que lors que les Marchands Chinois ne trouuoient point à vendre leurs marchandiſes dans les Philippines, ils les portoient
aux Hollandois, tellement qu'on ne peut pas douter que la conſeruation du commerce de la Chine ne depende entierement de la conſeruation des Philippines.
Aprés auoir prouué par ces huict raiſons que ie viens de rapporter, la neceſſité de
conſeruer ces Iſles, ie feray voir que la depenſe que l'on fait pour conſeruer vn ſi
grand auantage, eſt peu conſiderable, & qu'il couſte plus au Roy à entretenir l'Iſle
de S. Martin, de laquelle il ne retire autre auantage que d'oſter vne retraitte aux
Corſaires des Indes, qui en trouuent bien d'autres. Les Iſles Philippines depenſent
tous les ans, comme on a fait voir dans le grand Memorial, 37077. eſcus pour le
payement des gages des officiers de iuſtice & des Miniſtres qui les gouuernent.
Pour les Eccleſiaſtiques 37277. eſcus : Pour la correſpondance auec les Roys
voiſins 1500. eſcus. Pour la recepte du domaine du Roy 11550. eſcus. En garniſons & en trouppes qu'elles entretienent 229696. eſcus. Pour la guerre de terre, &
pour les garniſons des Molluques 97128. eſcus. Pour la fabrique des vaiſſeaux
283184. eſcus. En munitions & viures pour les gens de guerre 153302. eſcus, leſ-
quelles ſommes enſemble ſont 850.714. eſcus, qui eſt toute la deſpenſe de ces
Iſles, ſans y obmettre la moindre choſe. Voicy la recepte.

Les tributs des commanderies payent à la Couronne tous les ans 53 ɟɟ. 715. eſcus.

Les Indiens repartis ſous les commandes des particuliers payent au Roy tous
les ans chacun deux reaux, qui montent à la ſomme de 21 ɟɟ. 107. eſcus.

Les licences & permiſſions qui ſe donnent aux Sangleyes. 112 ɟɟ. eſcus.

Le tribut que payent les Sangleyes. 8 ɟɟ. 250. eſcus.

Le cinquième & le dixième de l'or. 750. eſcus.

Les decimes qui ſe content pour hazienda real à cauſe que le Roy en entre-
tient les Eccleſiaſtiques & le Clergé. 2 ɟɟ. 750. eſcus.

Le fret des vaiſſeaux de ſa Maieſté, 350. eſcus.

Les amandes de la chambre, 1 ɟɟ. eſcus.

Le Almoxari fazgos ou doüannes, 38 ɟɟ. eſcus.

La meſada & demye anate, 6 ɟɟ. eſcus. Ces dix articles de recepte ſont 243 ɟɟ.
922. eſcus.

Auſquels articles de recepte il faut encore adiouſter les droits & les frets des
vaiſſeaux, & les autres droits d'entrée * qui ſe prennent dans la nouuelle Eſpagne
ſur les marchandiſes qui viennent des Iſles, qui peuuent monter à 300 ɟɟ. car
ce la ſe doit conter entre le reuenu des Iſles, & dans vne cedule ou ordonnance,
datée du 19. Feurier 1606. il eſt ordonné que la ſomme qui viendra ſera remiſe
tous les ans à Manila. Ces marchandiſes qui ont payé ces droits à Acapulco, ſe
reuendent deux & trois fois dans la nouuelle Eſpagne, & à toutes les fois elles
payent des droits, ainſi elles enflent encores le reuenu des Iſles qui monte auec cet
autre à la ſomme de 593 ɟɟ. 922. eſcus, tellement que le ſurplus de la dépence des
Iſles, ne peut monter qu'à 256 ɟɟ. 792. eſcus, ſans mettre en ligne de recepte le ca-
ſuel de ceux qui meurent ſans faire de Teſtament, la croiſade & le party des cartes.

Il faudroit rabattre de la dépence des Philippines celle des Moluques, la
Couronne de Portugalles a tenuës autresfois auec grande dépence, elles tombe-
rent enfin entre les mains des Hollandois : Acuña les reprit ſur eux comme nous

auons dit, & attendu l'impuissance où estoit le Portugal de les deffendre, on les ioignit l'année 1607. au gouuernement des Philippines, en quoy il y a trois choses à considerer, l'vne que les Moluques ne sont point du nombre des Philippines, l'autre qu'elles sont maintenant à la Couronne de Portugal, puis qu'elle a le commerce du cloud de girofle, cependant que les Espagnols sont chargez de toute la dépence qu'il faut faire pour les deffendre, & pour la troisième, que ceux des Manilhes n'en tirent aucun auantage, car les Moluques n'ont point d'autre commerce que celuy du cloud de girofle, qui est tout entier entre les mains des Portugais. On doit encor considerer que les Espagnols espargnent par là 400. mille escus aux Portugais, qu'ils mettoient auparauant en la deffense de ces Isles, ainsi la dépence qu'on fait maintenant pour les Moluques, ne doit point courir sous le titre de la dépence des Philippines. Les Moluques coustent tous les ans en payement des soldats 97128. escus. Les prouisions qu'il faut faire pour leur subsistance trente mille escus par an. Les Ecclesiastiques & l'administration des reuenus du Roy 4000. escus, l'admirauté cent mille escus, car pour enuoyer le secours ordinaire & pour les autres rencontres il faut qu'il y ait tousiours vne armée nauale aux Manilhes, ainsi les Moluques coustent par année plus de 230000. escus, lesquels estant deduits des 256000. que coustent en tout les Philippines, il ne restera que 26000. escus, somme qui ne merite pas d'estre consideré dans vne occasion où il s'agit de la grandeur de la Couronne. Aprés auoir montré que l'on doit conseruer les Philippines, il reste à faire voir quels sont les moyens plus propres d'y reüssir, ils se reduisent à deux, l'vn que le Roy fournisse tout l'argent pour leur conseruation, comme il fait pour l'Isle de saint Martin, & pour les autres garnisons, ainsi la despence des Isles estant de 850000. escus tous les ans & le reuenu de 244000. sa Maiesté suplera les 606000. escus qui restent. Cette despence est grande à la verité, mais la conseruation de ces Isles est encor plus necessaire, comme ie l'ay fait voir, il faudroit mesme se resoudre à quelque chose dauantage, car outre la despence de 850. mille escus, il y a eu telle année dans laquelle ceux des Isles ont contribué du leur plus de 200000. escus.

L'autre moyen de les faire subsister est celuy du commerce, c'est de là que viennent les 244000. escus que rendent ces Isles, & s'il cesse elles rendront moins de reuenu, & il faudra à proportion augmenter le secours: il importe encore de donner de bonnes assignations pour ces 606000. escus que le Roy doit fournir, & enfin de mettre entre les mains de ceux des Manilhes quelque capital, qui leur puisse seruir à faire vn plus grand commerce, & de les mettre par là en estat de secourir mieux le Roy dans ses besoins.

Pour ce qui est de la qualité, de la quantité, & de la forme de ce commerce, ie diray premierement, sur le sujet de la qualité, que ces Isles ont deux commerces, l'vn qui leur est propre & l'autre estranger: celuy qui leur est propre est peu de chose, puisque celuy des Moluques n'y est point compris, quoy que toutes sortes de raisons voudroient qu'elles en ioüissent; pour l'estranger il n'y a que celuy qu'ils font à la Chine, en portant les marchandises qu'ils tirent de leur pays en la nouuelle Espagne, & en rapportant de l'argent, qui est la seule marchandise qui soit propre pour les Chinois: ainsi les Isles ne se peuuent conseruer que par le commerce, & le commerce ne se peut faire que des marchandises de la Chine portées en la nouuelle Espagne, auec quelque peu de marchandise des Isles.

Pour ce qui est de la quantité de ce commerce, elle a esté long-temps sans aucune limitation, & ce fut en ce temps là que les Isles aquirent les richesses qu'elles ont maintenant; on y trouua quelques inconueniens qui regardoient principalement le commerce de l'Espagne, & cette consideration fit qu'on limita ce commerce à 250. mille escus de marchandise & à 500. mille de retour, ce qui a duré depuis l'année 1605. iusqu'à 1635. auquel temps Dom Pedro de Quiroga restreigñit de sorte cette permission, qu'on ne pouuoit faire ce commerce dans la forme qu'il s'estoit imaginé, sans le ruiner entierement : Dans l'article 107. du memorial, on a mis au long les inconueniens de cette restriction, & si Dieu n'en eust empesché les suittes par la mort de celuy qui en estoit la cause & l'autheur, ces Isles seroient entierement perduës, & ne seroient point en estat de receuoir le remede que le Conseil a commencé d'y apporter, en chargeant vostre Seigneurie Illustrissime de prendre connoissance de cette affaire, pour donner en suitte sur la relation qu'elle en fera les ordres necessaires pour la conseruation des Isles & de tout ce qui en depend, Vostre Seigneurie Illustrissime en estant aussi-bien informée comme elle est, nous esperons tous que la resolution que l'on prendra là-dessus, sera proportionnée aux besoins d'vn peuple aussi fidele que celuy-cy, & qui est continuellement aux mains auec les ennemis de la Couronne.

Pour ce qui est de la forme qui se doit garder dans le commerce des Isles auec la nouuelle Espagne, Dom Pedro de Queroga y auoit voulu establir des reglemens extraordinaires, & fort differens de tout ce qui se pratique en Espagne & dans les autres Ports des Indes. Il faisoit ouurir les caisses, peser les paquets, compter en détail chaque genre de marchandise, sans denonciation ou information precedente, ny sans qu'il y eust indice de fraude, & cependant sous pretexte des fraudes qui se pouuoient commettre, il osta à ce commerce 300. mille escus, & 600. mille en marchandises qui sont asseurement comprises dans la composition ; il faisoit payer les droits des Marchandises, non pas à proportion de leur valeur, mais selon le prix qu'il y mettoit de son caprice, si bien qu'il se rencontroit plusieurs fois qu'on les donnoit aprés pour la moitié moins à Acapulco & dans le Mexique. Il empeschoit le retour des marchandises venduës, chose qui a tousiours esté permise, puis-qu'on ne peut pas refuser à celuy qui a vendu son bien, la permission de remporter l'argent qu'il en a tiré, cependant il faisoit payer cette permission, imposoit de nouueaux droits, mal-traittoit les mariniers de cette nauigation, iusqu'au point de les obliger à quitter dans vn temps, là où les Isles ne faisoiẽt autre chose que de representer le besoin qu'elles en auoient, & cependant que les Gouuerneurs de Manilhes au contraire leur accordoient que tout ce qu'ils pouuoient demander, & le Conseil leur dõnoit toutes sortes de priuileges & de franchises, pour les animer à continuer vn si fascheux mestier : Il est vray que Dom Pedro faisoit toutes ces choses sous pretexte du seruice de sa Maiesté, & cependant ces rigueurs ont empesché l'espace de deux ans le commerce des Phílippines, & ont fait perdre au Roy 600. mille escus de droits, & beaucoup dauantage à ses sujets, ces Isles demeurant cependant exposées à vn risque euident de se perdre. Il semble que pour establir vne bonne regle en ce commerce, ce soit assez de l'exemple de la conduite de Dom Pedro & des suittes qu'elle a euës, les inconueniens de ces nouueautez faisant voir qu'il faut plustot suiure ce qui se pratique dans les Ports de Seuille, de Carthagene, Veracrus, &c. où les Loix & Ordonnances Royales ont reglé il y a long-temps ce qui se doit pratiquer en semblables rencontres : On obserue toute la rigueur de ces Loix dans les Philippines, pourquoy n'en suiura-on pas les reglemens dans la partie où elles sont fauorables, ses habitans n'ont pas moins merité de la Couronne, & leur commerce n'est pas de differente nature que celuy des autres suiets de sa Maiesté.

Et quand il y auroit des maluersations dans ce commerce, ce que ie n'accorderay pas icy, ce ne sont point des choses extraordinaires ny differentes de celles qui se pratiquent tous les ans dans les flottes de la carriere des Indes : Ces maluersations consistent à embarquer plus de marchandises qu'on n'en a confessées sur le Registre du Roy, d'en faire passer de fort differentes de ce qu'elles paroissent au dehors, de tirer plus d'argent qu'on n'en met sur le Registre. Qu'on voye les remedes qu'on y apporte à Seuille, à Cadis, à San-Lucar, à Cathagena, à Porto-Velo, à la Vera-Crus, à la Hauana, qu'on apporte le mesme remede aux Manilhes

&à Acapulco , qu'on mette des gardes, qu'on reçoiue les denonciations, qu'on establisse des recompenses pour ceux qui les voudront faire : on dira qu'il seroit plus seur d'examiner toutes les marchandises dans le détail, lors qu'elles s'embarquent à Seuille ou qu'elles se debarquent dans les Indes : on a fait voir dans le Memorial en l'article 85. que ce remede n'est point propre & qu'il ruineroit le commerce. La mesme chose se doit entendre du commerce des Isles.

On dira que les maluersations qui se commettent dans les Isles Philippines, sont d'autant plus dangereuses, que l'argent qui vient sans estre registré aux Philippines aussi-tost qu'il y est arriué, est porté à la Chine , & ne roule plus dans le commerce des sujets d'Espagne : pour moy ie suis d'vn sentiment contraire à cela, ie demeure bien d'accord qu'en effect cet argent est perdu, qu'il ne ressort iamais de la Chine, mais aussi les Chinois ne s'en seruent point pour nous faire la guerre, ny pour aider à nos ennemis à nous la faire ; là où celuy qui vient en Espagne, passe aussi tost entre les mains des François, des Anglois, des Flamens , ou des Portugais ; de là il est enuoyé en Orient , & passe comme l'autre par vn plus long circuit iusques à la Chine, qui semble en estre le centre, mais auec cette difference, que c'est après auoir serui aux ennemis de cette Couronne à nous faire la guerre , pourquoy par cette raison traicter plus rudement nos insulaires que les autres , on ne doit pas leur oster sous vn si mauuais pretexte ny leur limiter vn commerce qui est si necessaire pour leur conseruation.

Enfin puisque ces Isles , comme ie viens de dire, sont si necessaires à cette Couronne, & qu'il n'y a que deux moyens de les conseruer, l'vn que sa Maiesté en fasse toute la despence, l'autre de leur accorder le commerce , puisque le premier de ces moyens est d'vne grande despence , que le second est facile & commun ; il semble qu'on s'y deuroit arrester & le mettre en execution, leur permettant le commerce dont ils ont iouy iusques à ce temps auec la nouuelle Espagne , dans la qualité necessaire , & dans la forme ordinaire , sans y adiouster des circonstances qui le diminuent & le rendent difficile ; car elles le ruineroient tout à fait auec ces Isles si necessaires à la Monarchie. Les habitans des Isles Philippines esperent que l'information qu'en donnera vostre Seigneurie Illustrissime , leur aidera à faire connoistre la iustice de leurs pretentions.

^{1. Poinct.} Depuis l'année 1604. ces Isles ont eu la permission de porter en la nouuelle Espagne la valeur de 250.mille escus de marchandise , & d'en rapporter 500.mille en argent, sur les deux vaisseaux qui sont destinez pour cette nauigation, ils supplient sa Maiesté de leur permettre d'augmenter la valeur des marchandises iusqu'à 500.mille escus, & la permission d'en remporter iusqu'à 800. mille en argent.

On a mis au long dans le Memorial le fondement de cette priere, que ie reduits icy à six ou sept chefs. Le premier à cause que le commerce a esté pratiqué de la sorte iusqu'à l'année 1604. qu'il fut limité. Ces Isles estoient alors riches, il y auoit 40. ans qu'elles iouïssoient d'vn commerce libre , & estoient en estat de souffrir cette perte ; mais elles ont esté tousiours en diminuant depuis , elles estoient moins suiettes en ces temps-là aux courses des ennemis , & iusqu'en l'année 1600. on n'auoit point veu d'armée d'ennemis dans ces Mers ; mais depuis ce temps-là le trafic de clou de girofle , la prise des vaisseaux de la Chine , le commerce auec les Iapponnois, y attirerent les Hollandois & exciterent ceux du Iappon , de Mindanaho , & les autres barbares à faire de mesme , ainsi dans le temps que le commerce diminuoit, les incommoditez de la guerre ont esté en augmentant, tellement que si on les veut conseruer , il faut augmenter le secours. Adioustez à cela les pertes que les insulaires ont faites depuis l'année 1575. dans le temps que le commerce estoit libre , ils y trouuoient aisément remede, mais depuis la limitation, il n'y a point d'autre remede que d'en augmenter la permission.

La seconde raison est, que dans le temps de cette limitation, il y auoit moins d'habitans dans les Manilhes qu'il n'y en a maintenant, les secours d'hommes qu'il a esté necessaire d'y enuoyer, en ont augmenté les habitans, tellement qu'il s'y trouue maintenant au seruice de sa Maiesté 3338. Espagnols, & 25040. Indiens de differentes nations, sans y comprendre les habitans, les marchands & les artisans, c'est à dire le double de ce qu'il y auoit l'année 1604. & comme il est necessaire qu'ils ayent tous part au commerce, afin qu'ils ayent la mesme part qu'ils y auoient auparauant, il faudra augmenter au double cette permission.

3. Cette limitation n'est plus dans les mesmes termes dans lesquels elle auoit esté accordée d'abord, car dans la repartition des 250. mille escus, qui se fait par tonneau, les Gouuerneurs y ont donné part depuis aux Hospitaux, aux Conuens, aux mariniers, aux canonniers, à ceux qui sont employés dans les ambassades, toutes ces parts emportent vne grande partie de cette permission, ils en faut outre cela rabbattre les œuures pieuses, la solde des mariniers, & la vaisselle d'argent, qui est vne autre diminution.

4. Ainsi ces peuples ont quasi esté forcez à enfraindre ces limitations du commerce, & à porter plus d'argent qu'il ne leur estoit permis; mais en remettant les choses au point que ie les supose, chacun ayant la permission de mettre dans le commerce autant qu'il a de capital, il ne se hazardera point à le faire passer sans le faire enregistrer.

5. La principale raison de la limitation, est l'interest du commerce de Seuille, on a representé au Roy que ce commerce en diuertissoit l'argent du Perou, & diminuoit le debit des marchandises de l'Europe dans la nouuelle Espagne, qui se fournissoit de celles de la Chine. Dans le Memorial on a repondu à cet inconuenient, i'adiousteray seulement icy que s'il est vray, comme supposent ceux de Seuille, qu'au lieu de 250. mille escus, ils chargent pour 4. millions de marchandises, & qu'ils en rapportent 10. millions en argent, au lieu des 500. mille escus qu'on leur permet, quel inconuenient y arriueroit-il à leur estendre cette permission, n'arriueroit-il pas plustot qu'au lieu des 750. mille escus que le Roy tire des droits de la somme limitée, qui passe por el registro, qui s'enregistre, ils seroient augmentés des droits d'vne partie du surplus, si on accordoit la permission de leur transports, au lieu que maintenant qu'il entre per alto, & sans estre enregistré, le Roy n'en tire rien du tout : mais il y a vne raison sans replique, c'est que les marchandises & l'argent ne peuuent pas estre en plus grande quantité que le capital de ceux qui les chargent, & il est clair qu'ils n'ont point vaillant 4. millions en marchandises, & qu'ils ne peuuent point faire des retours de dix millions : ainsi si la permission s'estend iusqu'à tout leur capital, il n'y aura plus de fraude dans l'enregistrement.

Le dernier fondement est, que les gains de ce commerce ne sont pas si grands que l'on s'imagine, & lors qu'on charge peu de marchandise, le profit en est consomé en faux frais, ce qui est encore vne nouuelle raison de leur augmenter cette permission.

Il semble qu'il seroit plus à propos qu'il n'y eut point de limitation qu'en la some dé l'argent qu'ils rapportent de la nouuelle Espagne, & que l'on chargea telle quantité de marchãdises que le Gouuerneur des Isles iugeroit à propos chaque année. Car les insulaires ne se resoudront iamais à laisser leurs effets dans la nouuelle Espagne, & n'y en porteroient que pour l'argent qu'il leur seroit permis d'en raporter. Ce ne seroit point vne nouueauté d'en vser de la sorte, mais vn stile qui s'est gardé piusqu'à cette heure : on accommoderoit la charge des vaisseaux à leur port, & au volume des marchandises, & non point à leur valeur intrinseque, qui n'a point de proportion auec le port des vaisseaux; on pourroit enregistrer à part les fruicts qui se tirent du pays sans les faire entrer dans le compte de la permission, comme on le dira cy aprés. Cette pratique a esté trouuée bonne par les derniers Gouuerneurs & Viceroys, Dom Pedro de Quieroga mesme a sçeu toutes ces veritez, il ne se plaignoit pas que les marchandises excedassent les 250. mille escus permis; mais de celles qui s'embarquoient sans enregistrement, ou qui estoient mal taxées, enfin il n'y auroit aucun inconuenient si la limitation ne s'estendoit qu'à l'argent qu'on tire du Perou & de la nouuelle Espagne.

3. Point.

Si au contraire l'on veut limiter la quantité des marchandises, la ville supplie vostre Seigneurie Illustrissime de faire en sorte que celles qui naissent dans le pays n'y soient point comprises; car outre les marchandises de la Chine, qui sont les seules que ce reglement doit regarder, il y en a d'autres qui se fabriquent ou se recueillent dans les Isles, comme la cire blanche & iaune, les Talingas, Manteles, les toilles de cotton qu'ils appellent lampotes, la ciuette, & les mantas de Ilocos de Moro y de Bombon : il y a ordinairement la charge de 100 tonneaux de ces marchandises, dont le volume occupe beaucoup de place, quoy que les marchandises soient de peu de valeur, cependant il importe aux habitans de les transporter en la nouuelle Espagne, car ils n'ont point d'autre moyen de s'en deffaire. Iusqu'à cette heure ces marchandises ont esté enregistrées, ont payé les droits, ont esté eualuées sans prendre garde si elles faisoient partie des 250. mille escus de la permission, & cependant elles ont fait partie des 500. mille escus de retour, & lors que les habitans n'ont pas eu assez de marchandises de la Chine pour acheter les 250. mille escus, ils y ont supplée; non pas qu'ils ayent creu qu'il leur fust deffendu de les embarquer autrement; mais pour suppléer au defaut des autres: les insulaires demandent donc, qu'on declare que ce genre de marchandise se pourra transporter en la nouuelle Espagne, sans limiter la quantité ny les faire entrer dans la permission.

Ce reglement a esté fait principalement pour les soyes de la Chine, qui portoient preiudice au delà de celles qu'on y enuoye de l'Espagne; mais cette consideration ne se rencontre point dans les marchandises des Isles, outre qu'on ne defend iamais aux Prouinces de se communiquer les vnes aux autres les fruicts qui leurs sont propres, ce seroit leur oster vne communication fondée sur le droict des Gens; ceux des Philippines ne trouuant pas de debit de leurs marchandises dans les pays voysins, furent obligez de les enuoyer au Perou, à Tierra firme, Guatilama & dans la nouuelle Espagne; leur oster cette liberté c'est les assieger en quelque façon & les reduire à la necessité de perir. Enfin ces genres de marchandises, comme i'ay desia dit, ne sont point de tort à celles qui viennent d'Espagne, vn pauure Negre ou Indien qui auroit pour cinq sols vne aulne de toille des Isles, ne pourra pas mettre vn escu à vne aulne de toille de Roüen: Vostre Seigneurie Illustrissime voit par là auec combien de iustice les Isles luy font cette priere.

4. Point.

Il semble d'abord que la suspension du commerce entre le Perou & la nouuelle Espagne, n'importe point aux Manilhes; mais pour faire voir combien il importe qu'il se remette en son ancien estat, il faut sçauoir qu'au commencement tous ces commerces estoient libres; d'vn costé on apportoit des marchandises de la Chine, & de l'autre celles de la nouuelle Espagne; on deffendit après celuy des marchandises de la Chine, & par là l'on interrompit le commerce de la nouuelle Espagne : ceux du Perou & de la nouuelle Espagne, exposerent que si on les deffendoit à cause qu'elles estoient estrangeres, on ne deuoit pas leur deffendre la communication de celles qui estoient propres dans leurs pays; on leur permit la cargaison d'vn vaisseau tous les ans, qui partiroit de Callao port de Lima, pour porter à Acapulco la valeur de 200. mille escus en argent, & qui en rapporteroit des marchandises propres à la nouuelle Espagne, & non point d'autres, auec de nouuelles deffenses de celles de la Chine : la chose dura de la sorte depuis l'année 1604. iusqu'à l'année 1634. que l'on deffendit pour cinq ans ce commerce, sur des informations iudicieuses. L'interest des Philippines dans cette suspension est clair, l'année que les vaisseaux du Perou ne viennent point à Acapulco, les Isles courent risque d'estre priuées du secours ord naire ; car auparauant, lors que les vaisseaux des Isles s'estoient perdus en Mer, qu'ils s'estoient eschoüez, ou qu'il arriuoient trop tard, accidens fort ordinaire dans cette nauigation, l'on y enuoyoit le secours ordinaire sur les vaisseaux du Perou, ce qui ne se peut pas faire cette suspension subsistant, & le manquement d'vne année de ce secours se pourroit rencontrer en tel temps qu'il seroit cause de la perte irreparable des Isles. En second lieu les Soiries qui se font dans la nouuelle Espagne se debi-roient dans le Perou & celles de la Chine dans la nouuelle Espagne ; il est euident que la nouuelle Espagne n'ayant point de debit de ses soyes, celles qu'on y porte de la Chine ne s'y vendent pas si bien, & il est arriué que les vaisseaux des Isles n'ont pas mesmes peû vendre autant de leurs marchandises qu'il en falloit pour payer leur fret & leurs droits, comme on l'escrit du Mexique, dont vostre Seigneurie Illustrissime se pourra informer sur les lieux.

La nouuelle Espagne a des mines d'argent, mais la plus grande quantité s'en transporte en Espagne, ou est employée dans le commerce de Guattimala, Iu-catan, des Isles de Barlouento, des costes de Cartagene & de Venezuela : il est impossible que les Philippines ne se sentent du manquement des 200. mille escus, qui venoient auparauant du Perou, & le manquement de cette somme n'est point si peu considerable que les Isles n'en ayent souffert vne grande incom-modité, & n'ayent esté obligées à supplier qu'on y remediast en restablissant la liberté du commerce du Perou auec la nouuelle Espagne : La nouuelle Espagne & le Perou demandent cette mesme permission auec instance, & qu'elle ne soit point restrainte à la somme de 200. mille escus, somme trop petite pour la grandeur de ces Estas: quelle apparence de leur deffendre la communication auec ceux de leur pays dans cette extremité du monde où ils sont releguez ; n'est-il pas estrange que pour escrire de Lima au Mexique, il faille enuoyer les lettres en Espagne, & qu'il y ait si peu de communication entre ces peuples dans vn temps où elle seroit si necessaire, pour ioindre leurs forces par Mer contre leurs enne-mis communs, & contre les Indiens du costé de la terre ; mais quoy cette deffense a esté cause d'vn autre grand desordre ; ce commerce qui se faisoit auparauant en payant les droits du Roy, se fait maintenant sans qu'il en profite. Il y a tous les ans quelque Prelat ou quelque Ministre qui passe d'vne de ces Prouinces à l'autre : cette année l'Arch. D. Feliciano de Vega, & L'Oydor D. Antonio de Vlloa, ont passé de Lima au Mexique : l'Euesque de la Nueua-Vizcaya, qui le doit estre de l'Euesché de la Paz, & les Oydores de l'Audiencia de Mexico ont passé du Mexique à Lima.

Ils s'embarquent en differens temps, chacun veut estre le maistre dans son vaisseau, ainsi il passe tousiours 3. ou 4. vaisseaux de Acapulco à Lima, ou au con-traire ; & comme ils sont fretés pour aller & reuenir, ce sont 10. ou 12. voyages, car ceux du Perou ne demeurent point dans la nouuelle Espagne, & les Viceroys ne sont pas assez puissans pour empescher qu'on n'embarque de l'argent dans ces vaisseaux, ils s'excusent sur ce qu'ils ne peuuent pas en vser autrement, au lieu que du temps de la permission ils n'auoient point d'excuse, & il falloit enregistrer.

Dans la nouuelle Espagne, il y a plus de 14000. personnes qui sont occuppées à la fabrique des soyes, le commerce des soyes depend des soyes cruës de la Chine, & du debit qu'ils en trouuent dans le Perou, lequel venant à manquer, la nouuelle Espagne manque aussi du profit qu'elle en tiroit, & ce manquement se fait sentir iusques dans l'Espagne mesme, car ceux de la nouuelle Espagne, appauuris par là, n'y peuuent pas enuoyer tant de marchandise & d'argent. Lors qu'on accorda cette permission on en examina les inconueniens, il n'est rien arriué depuis qui ait obli-gé de changer vne resolution si iuste, & ce fut le seul caprice de Francisco de Vi-ctoria qui en fut l'autheur. Cet homme sans songer à autre chose qu'à la reputa-tion d'auoir fait vne chose singuliere, & à faire le capable dans vne matiere qu'il n'entendoit pas, s'auisa de changer le commerce des Philipines & du Perou, sur des maximes fausses qu'il s'estoit mis en teste, comme on le peut voir dans le Memorial aux art.1. & 2. & depuis le 93.iusques au 119. Et quand mesmes les change mens qu'il y fit auroient esté fondez en raison, la suspension de ce commerce fut pour 5. ans, & ce temps-là estant maintenant passé, il semble que la iustice veuille, que l'on remette les choses dans leur premier estat. Adioustez à cette consideration, que ces pays ayant esté chargez depuis l'année 1630. de diuerses leuées qui s'y sont faites, comme celles qu'ils appellent la demie Annate, le papier seellé, la reunion des Commanderies, & autres charges qui sont connuës à Vostre Seigneurie Illustrissime, il semble estre iuste que cependant que l'on les accable de ce costé-là, on les soustienne d'vn autre, en leur remettant la liberté de ce commerce. Il faut encore considerer que lors que l'on accorda cette permission de tirer de l'argent du Perou, la chose fut faite en consideration de ce qu'en mesme temps on leur interdit le commerce de la Chine, dont ils tiroient grand auantage; car ils payent trois fois plus cher les marchandises qui viennent d'Espagne, depuis que l'on leur a deffendu de se seruir de celles de la Chine; i'auoüe que ce commerce de la Chine auec le Perou, ruinoit celuy du Perou en Espagne, pour leur rendre cette interdiction plus supportable, on leur permit en mesme temps de tirer pour 200. mille escus de marchandises de la nouuelle Espagne, qui ne sont pas à si bon marché que celles de la Chine; mais aussi qui ne coustent pas tant que celles d'Espagne: ce que i'auance icy se prouueroit aisément par la datte des declarations qui ont esté faites sur ce suiet. La mesme raison que l'on eut alors de leur accorder cette facilité, subsiste encore auiourd'huy, & mesme en de plus forts termes: car les marchandises d'Espagne, sont augmentées de prix, & le pays qui demande cette permission est plus chargé d'impositions & moins riche qu'il n'estoit en ce temps-là.

L'on a respondu dans le Memorial aux raisons qu'on a alleguées pour maintenir l'interdiction : ils alleguoient entr'autres raisons, que le vaisseau qui va tous les ans à Acapulco, au lieu de deux cens mil escus, portoit trois millions, supposition qui meriteroit plustost d'estre punie que d'estre examinée. Premierement ce vaisseau n'estoit que de 200.tonneaux, & les gallions de la carriere des Indes qui ne se chargent que d'argent, & sont de 7.ou 800.tonneaux ne portent qu'vn millió chacun: Mais pour quel dessein auroient-ils enuoyé vne si grande somme en la nouuelle Espagne, pour y estre employée, me direz-vous, en marchandises, & commét vn vaisseau de 200.tonneaux pourroit-il porter pour 3.millions de marchãdises. On ne peut pas dire aussi que ce fut pour faire passer cét argent en Espagne; car la route ordinaire de Panama est bien plus seure & plus courte. Les Caraques de 500. tonneaux qui vont de Portugal aux Indes passent pour fort riches quand leur charge vaut vn million d'or, encore faut-il qu'il y en ait vne partie en diamans, rubis, ciuette, musc, marchãdises qui ne tiennent pas de volume. On void clairement par là qu'vn vaisseau de 200.tonneaux equipé & auictuaillé pour 3. mois en Mer, temps que l'on met à aller de Acapulco à Lima, ne peut point porter de marchandises pour ces sommes imaginaires. Enfin la suspension de ce commerce auroit alteré notablement celuy de la nouuelle Espagne & de la Castille, s'il estoit vray qu'il eust esté de 3 millions d'or. L'experience que nous auons du contraire fait voir encore le peu de fondement de cette supposition, & que iamais la permission du commerce du Perou n'a esté suiuie des excés que l'on luy attribuë. Les Philipines, le Mexique & le Perou demandent ensemble que le temps de cette suspension estant maintenant acheué, on remette les choses en leur premier estat, ce que ces païs attendent principalement de la relation que V. S. Illustriss. fera du besoin qu'elles en ont. Le Roy vous a aussi commis pour examiner la pretention des habitans des Isles Philipines, d'estre remboursez de leur part de la composition de 630. mil escus. Ie n'entreray point icy dans le fonds de cette pretention particuliere, puisque les raisons en sont deduites bien au long dans la cedule ou declaration du Roy où V. S. Illust. les pourra mieux voir qu'il ne me seroit aisé de vous les representer icy.